E<small>L</small> LLAMADO

RICK JOYNER

BUENOS AIRES - MIAMI - SAN JOSÉ - SANTIAGO

www.peniel.com

©2007 Editorial Peniel

Las citas bíblicas fueron tomadas
de la Santa Biblia, Nueva Versión
Internacional, a menos que se indique
lo contrario.
© Sociedad Bíblica Internacional.

EDITORIAL PENIEL
Boedo 25
Buenos Aires, C1206AAA
Argentina
Tel. 54-11 4981-6178 / 6034
e-mail: info@peniel.com
www.peniel.com

Diseño de cubierta e interior:
ARTE PENIEL • arte@peniel.com

Publicado originalmente en inglés con el título:
The Call by Richard O. Joyner
© 1996 by Richard O. Joyner
MorningStar Fellowship Church,
P.O. Box 339, Moravian Falls, NC 28654
Phone: (800) 542-0278; website: morningstarministries.org

Joyner, Rick
El Llamado - 1a ed. - Buenos Aires : Peniel, 2007.
 176p. ; 17x11 cm.
 Traducido por: María José Hooft
 ISBN 10: 987-557-169-5 ISBN 13: 978-987-557-169-3
 1. Profecías. I. Hooft, María José, trad. II. Título
 CDD 232.12

Impreso en Colombia / Printed in Colombia

Í N D I C E

Este es el segundo libro de la *Serie La búsqueda final*. Aunque *El Llamado* comienza donde termina el primer libro, es posible leerlo y entender su mensaje en forma general sin haber leído el anterior. No obstante, si todavía no ha leído *La búsqueda final*, algo del material puede parecerle un tanto inconexo. Como esta es una saga espiritual continuada, hay ciertas bases que se sientan en el primer libro y sobre las cuales se edifica en el segundo.

Tal como expliqué en la introducción del libro anterior, ellos son el resultado de una serie de "experiencias proféticas". Muchas veces me han aconsejado que ellos serían aceptados por más gente si los hubiera escrito en forma de alegoría o de ficción. Puede ser cierto, pero no es mi objetivo que estos libros sean leídos por más personas, sino simplemente permanecer fiel a los mensajes que me han sido confiados, transmitiéndolos tan exactos como me sea posible. Que yo diga que ellos son el resultado de mi propia creatividad sería deshonesto y una afrenta al Espíritu de Verdad.

Aún así, como *La búsqueda final* ha sido ampliamente aceptado en todo el espectro de las denominaciones y movimientos cristianos, y ha hallado un notable favor entre los evangélicos conservadores, quiero explicar con más profundidad a lo que me refiero cuando digo "experiencias proféticas", que fue como las recibí en particular, y un poco sobre las bases bíblicas para estas experiencias en nuestros tiempos actuales.

Las experiencias proféticas son diversas en naturaleza, como lo fueron éstas que recibí en esta serie desplegada. Algunas vinieron en sueños, otras en visiones, y aun otras en lo que La Biblia llama "trances". Los sueños, las visiones y los trances tienen precedentes bíblicos y son formas establecidas en las que el Señor le habla a su pueblo. Cada vez hay más cristianos que tienen estas experiencias hoy, hecho que es considerado por algunos como el cumplimiento de la profecía de Pedro en el día de Pentecostés, la cual él citó del profeta Joel:

Sucederá que en los últimos días, —dice Dios—, derramaré mi Espíritu sobre todo el género humano. Los hijos y las hijas de ustedes profetizarán, tendrán visiones los jóvenes y sueños los ancianos. En esos días derramaré mi Espíritu aun sobre mis siervos y mis siervas, y profetizarán (Hechos 2:17-18).

Como esta Escritura declara, las revelaciones proféticas a través de visiones, sueños y profecías predominarían en los últimos días. Porque hay un aumento tan drástico de la revelación dada a los cristianos en estos tiempos, es comprensible que se considere, de hecho, que estamos en los "últimos días".

DISCERNIR LO VERDADERO DE LO FALSO

Jesús también advirtió que en los últimos días habría muchos "*falsos profetas*" (Mateo 24:24). Eso era de esperar porque, tal como el Señor enseñó, donde Él siembra trigo en un campo, el enemigo va sembrando cizaña en el mismo terreno (Mateo 13:24-30). La cizaña se parece al trigo y puede tener el mismo sabor, pero es nociva. Satanás de inmediato tratará de contrarrestar lo que Dios haga, creará confusión y, si fuera posible, engañará aun a los elegidos. Sin embargo, Satanás no puede hacerlo si Dios no se lo permite. Obviamente el Señor quiere que aprendamos a distinguir lo verdadero de lo falso y que permitamos que lo real sea probado por lo falso con el fin de purificar lo verdadero.

Que los falsos profetas estén haciéndose más poderosos no debería sorprendernos, sino más bien animarnos a buscar lo verdadero con mayor determinación. Si no queremos ser engañados por lo falso, la respuesta no está en rechazar toda la profecía, sino, en cambio, aprender a conocer lo verdadero. Aquellos que no sepan discernir la verdadera profecía, en los tiempos venideros, estarán cada vez más sujetos a lo falso. Si Dios planta algo, es porque lo necesitaremos. No solo sino que plantamos un campo, sino que si además lo descuidamos, la única cosecha que segaremos serán malezas. Los que no reciben lo que Dios hace hoy acabarán recogiendo lo que crece en forma silvestre.

Desde el principio, el Señor estuvo abocado a permitirle a la humanidad escoger entre lo real y lo falso, lo bueno y lo malo. Esa es la razón por la que puso el Árbol del Conocimiento del Bien y el Mal junto al Árbol de la Vida en el jardín del Edén. No puso el Árbol del Conocimiento allí con la finalidad de hacernos tropezar, sino en cambio, para probar nuestra obediencia y amor hacia Él. No puede haber verdadera obediencia de corazón a menos que exista la libertad de desobedecer.

Del mismo modo, los verdaderos maestros y la verdadera enseñanza siempre será eclipsada por falsos maestros y falsas enseñanzas; los verdaderos profetas y la profecía siempre serán oscurecidos por lo falso. El Señor le permite al enemigo sembrar cizaña entre el trigo para probar nuestros corazones. Aquellos que aman la verdad discernirán lo que es verdadero, y los que son puros de corazón discernirán lo que es puro.

Que el Señor nos advirtiera que habría falsos profetas al final de los tiempos implica que también habrá verdaderos, si no Él sencillamente hubiera dicho que en los tiempos finales, todos los profetas serían falsos. Algunos efectivamente creen que todos los profetas de estos tiempos finales son falsos, pero ese es un conflicto básico con la profecía de Joel, que dice que en los postreros días Dios derramaría su Espíritu, y habría visiones, sueños y profecía (Joel 2:28-29).

Hay cierto peligro en estar abierto a las revelaciones proféticas tales como sueños, visiones y profecía. Sin embargo, hay un peligro mucho mayor si no estamos abiertos a ellas. Las revelaciones no nos son dadas para nuestro entretenimiento, sino porque las necesitamos para los tiempos en que vivimos. Como también Jesús declaró:

Ciertamente les aseguro que el que no entra por la puerta al redil de las ovejas, sino que trepa y se mete por otro lado, es un ladrón y un bandido. El que entra por la puerta es el pastor de las ovejas. El portero le abre la puerta, y las ovejas oyen su voz. Llama por nombre a las ovejas y las saca del redil. Cuando ya ha sacado a todas las que son suyas, va delante de ellas, y las ovejas lo siguen porque reconocen su voz. Pero a un desconocido jamás lo siguen; más bien, huyen de él porque no reconocen voces extrañas (Juan 10:1-5).

Las ovejas del Señor conocen su voz. No son engañadas por extraños, porque conocen su voz tan bien que son capaces de distinguirla de las voces de los demás. Una de las maneras en las que Dios ha hablado a su pueblo desde los tiempos primitivos ha sido proféticamente. Porque sabemos que Dios nunca cambia, y porque Las Sagradas Escrituras son muy claras respecto de las visiones, sueños y profecías que le dará a su pueblo, es imperativo que distingamos su revelación de la del enemigo, y que podamos interpretar sus mensajes correctamente. Luego que ellas son interpretadas de manera adecuada, es allí donde debemos tener la sabiduría para aplicarlas correctamente.

EL PROPÓSITO DE LA PROFECÍA

La profecía es dada para animar, pero también para edificar. *Edificar* significa "construir". Gran parte de mi vida y ministerio ha sido edificado sobre palabras proféticas cumplidas. Casi todos los aspectos principales de nuestro ministerio, que incluyen los lugares adonde iré a ministrar o predicar, son anticipados proféticamente. No considero hacer algo o ir a algún lugar a ministrar a menos que el Señor me haya hablado de antemano. Jesús hizo lo mismo. Él no respondía a las necesidades humanas: solo hacía lo que veía hacer al Padre. No tenemos tiempo para ir a lugares o comenzar cosas que Dios no nos guía a hacer. Pienso que nuestra entrega a escuchar del Señor antes de hacer las cosas nos permite ser fructíferos con los recursos y el tiempo que nos han sido confiados.

Conozco a otros que han edificado un ministerio o una iglesia exitosamente sobre palabras proféticas. Y también conozco a otros que han naufragado y algunos que han sufrido serias desviaciones porque no supieron juzgar la profecía. Muchos de estos problemas ocurren porque ellos recibieron una revelación genuina del Señor, pero la interpretaron o la aplicaron mal. Para algunos, esto puede sonar demasiado complicado, pero este es el proceso claramente establecido en Las Sagradas Escrituras, y pagaremos un precio muy alto si nos desviamos de la sabiduría bíblica respecto de la revelación profética.

Tal como Jesús dijo en Mateo 22:29: "*Erráis, ignorando las Escrituras y el poder de Dios*" (RVR). Muchos hoy yerran porque conocen Las Sagradas Escrituras, mas no el poder de Dios. Los que conocen su poder a menudo yerran porque no conocen Las Escrituras como debieran. Si hemos de guardarnos de cometer errores, debemos conocer Las Sagradas Escrituras y el poder de Dios. La profecía nunca fue pensada como un sustituto de La Biblia, y esta nunca fue pensada en reemplazo de la profecía.

Yo he pasado muchas horas con líderes evangélicos conservadores de ministerios muy importantes, que Dios ha comenzado a hablarles en sueños, visiones y profecías. En muchos de los casos, Él empezó a hacerlo aunque esto violaba su teología. Eso se ha vuelto tan frecuente que he llegado a preguntarme si habrá algún líder evangélico conservador con el que Dios no trate de esta forma. En MorningStar, hay una oleada constante de contactos de parte de aquellos que buscan ayuda para entender lo que les está sucediendo. Lo que ellos pueden no entender en este punto es que la gente profética también necesita la ayuda de los líderes conservadores, del mismo modo en que ellos precisan ayuda de parte de los que ya tienen algo de experiencia con los dones proféticos. Para que la Iglesia alcance la madurez a la cual ha sido llamada, debe existir una unión entre los que conocen *Las Sagradas Escrituras* y los que conocen el poder de Dios, y esto mismo está ocurriendo de a poco.

He escudriñado La Biblia para verificar que las enseñanzas brindadas en mis experiencias sean bíblicas, y estoy seguro de que sí lo son. Pero admito que algunas de ellas me hicieron ver ciertos pasajes de Las Sagradas Escrituras de un modo que previamente no había visto. Aún así, creo que es consistente con el propósito de tales revelaciones proféticas. **La profecía no debería ser usada para establecer doctrina**. Para eso tenemos La Biblia, y creo que la doctrina que se encuentra en ella está completa y no debemos añadirle. Sin embargo, La Biblia en sí misma contiene muchos ejemplos de experiencias proféticas dadas a individuos con el propósito de realzar Las Sagradas Escrituras.

Un ejemplo notable del Antiguo Testamento sería el trance en el que cayó Pedro, que resultó en su visita a la casa de Cornelio y su posterior apertura de la puerta de la fe a los gentiles. Esta experiencia —y el fruto que ella trajo— dejaron en claro a la Iglesia que el Señor también quería que el evangelio fuese predicado a los gentiles. Esto no estableció una nueva doctrina, sino que puso de manifiesto lo que Las Sagradas Escrituras ya decían y lo que el Señor mismo les había enseñado cuando estuvo con ellos, pero que aparentemente ellos habían olvidado.

Muchas de las experiencias incluidas en estos dos libros obraron del mismo modo para mí. Constantemente me recordaron mis propias enseñanzas y las que yo había oído de otros, pero que, en el mejor de los casos, había implementado solo de un modo superficial en mi vida. Así esas experiencias proféticas fueron un desafío constante para mí y trajeron una corrección esencial —e incluso juicio— a mi propia vida y experiencias. Como yo fui el que las tuvo, las tomé en forma personal y no supuse que las mismas correcciones sean necesarias para todos. Sin embargo, creo que muchas de ellas —si no la mayoría— son generalmente aplicables a la Iglesia en nuestro tiempo.

Hay una cantidad de temas recurrentes en este discurso. No solo son declaraciones repetitivas, sino que algunos de esos temas se reiteran, pero desde distintas perspectivas, o son expresados de manera diferente en varias situaciones. Comprendo que debe haber sido así debido a mi propia torpeza, de la misma forma en que parece que el Señor tuvo que repetir varias veces en sus enseñanzas a Pedro. A la vez me doy cuenta de que tales redundancias no hacen al buen estilo literario, pero el estilo no es mi objetivo aquí. Cada vez que algo se reitera, aumenta la probabilidad de que sea recordado. Por lo tanto, he tratado de repetir todo lo que me ha sido repetido a mí.

EXPERIENCIAS PROFÉTICAS

También entiendo de qué forma la naturaleza de algunas de estas revelaciones proféticas puede causar problemas teológicos para algunos. Una de ellas ciertamente puede ser la manera en que me encontré y dialogué con muchos personajes del Antiguo y Nuevo Testamentos, así como también con gente prominente de la historia de la Iglesia que ahora está fallecida. Hay un precedente bíblico para esto, como cuando el Señor habló con Moisés y Elías. Aunque Elías había sido llevado al cielo sin morir, Moisés sí había muerto. También tenemos el ejemplo de cuando el apóstol Juan cayó en tierra para adorar al ángel en Apocalipsis 22:9. El ángel reprendió a Juan al declarar que él también era un consiervo suyo. Muchos han entendido que esto indica que él era uno de los santos que había partido con el Señor.

Aún así, puedo comprender que algunos tengan problemas con esto, y aquí hay otra explicación más: existe una diferencia entre tener experiencias proféticas y verdaderamente hacer algo. Por ejemplo, cuando Ezequiel fue llevado en el Espíritu a Jerusalén, es obvio que no fue llevado a la Jerusalén verdadera, aunque esta pareciera muy real para él. Mucho de lo que él experimentó no existía en verdad, pero tenía la intención de transmitir un mensaje a los exiliados.

Del mismo modo, aunque algunas de estas experiencias y personas me parecieron muy reales, me pregunto seriamente si yo en verdad hablaba con esas personas en el cielo. Creo que ellas fueron experiencias proféticas con el objetivo de trasmitir un mensaje. No sé si los lugares que vi en el cielo eran de verdad o me parecían a mí de ese modo, con el único propósito de darme un mensaje. No obstante, estoy abierto a la idea de que haya visto lugares reales y gente real. No hallo conflicto con *Las Sagradas Escrituras* que prohíba la posibilidad, aunque entiendo que algunos tendrán objeciones. Incluso así, al igual que Abel todavía habla aunque está muerto, ciertamente las vidas de los personajes bíblicos son mensajes, y estas experiencias me ayudaron a resaltarlo más que nunca antes.

Una razón por la que me inclino a decir que fueron experiencias proféticas y que no hablé con personas verdaderas es por lo que duraron esos encuentros. Por ejemplo, la mayoría de las personas han tenido sueños tan reales que cuando despertaron, por un breve período, creyeron que esos sueños fueron reales. Sin embargo, hasta el más realista de los sueños, generalmente, comienza a desvanecerse de modo que, en un par de horas, puede llegar a olvidarse. Las experiencias auténticas no son así. Yo he tenido encuentros reales con el Señor y con ángeles que son casi tan verídicos para mí ahora como lo fueron hace años, cuando los tuve por primera vez. He tenido muchos sueños y visiones en las cuales vi al Señor o a los ángeles, pero ellos se desvanecieron rápidamente. Excepto por algunas pocas de las experiencias incluidas en estos libros, esos episodios proféticos se apagaron como revelaciones, en vez de permanecer como encuentros reales.

Por esta razón, traté de escribirlas tan pronto como pude luego de tenerlas. En algunos casos, no pude hacerlo. Tan pronto pude llegar a un lugar para asentarlas por escrito, mi memoria ya había comenzado a borrarse. Sentí que el Espíritu Santo me ayudaba a traer esas cosas a la mente, pero cuanto más tiempo pasaba entre la experiencia y el momento en que tenía la posibilidad de registrarlo, más preocupado estaba por no poder transmitirlas exactamente como las recibí.

En esos casos, estaba conciente de que mis doctrinas favoritas o mis prejuicios podían fácilmente introducirse en mis escritos y, aunque sinceramente traté de impedir que ello ocurriera, reconozco que existe la posibilidad de que esto haya sucedido en algunos casos. Por esta razón, mi oración continua por este libro ha sido que el Espíritu Santo me guíe al escribirlo y también que guíe a cada uno de los lectores. Él fue dado para guiarnos a toda verdad y a Jesús. Mi oración es que usted discierna lo que es verdad y lo que es de Jesús, y se aferre a ello, desechando todo lo que no sea así.

INFALIBILIDAD DE LAS SAGRADAS ESCRITURAS

Aunque hay muchos lugares en donde traté de escribir las palabras textuales que el Señor me habló, esto no es La Biblia, y creo que ninguna experiencia profética debe tener el peso que Las Sagradas Escrituras tienen. Sin embargo, la profecía es muy importante para la Iglesia, o de otro modo no habríamos sido exhortados por La Palabra:

"Empéñense en seguir el amor y ambicionen los dones espirituales, sobre todo el de profecía" (1 Corintios 14:1). Se nos dice que: *"… el que profetiza habla a los demás para edificarlos, animarlos y consolarlos. El que habla en lenguas se edifica a sí mismo; en cambio, el que profetiza edifica a la iglesia"* (1 Corintios 14:3-4). Nunca se nos dice que la profecía sea para enseñar doctrina; para eso tenemos Las Sagradas Escrituras. Nunca se nos dice que la profecía sea infalible, razón por la cual debemos juzgarla. Sin embargo, la profecía es para edificar. Y porque la profecía es un don del Espíritu Santo, debemos tratar todo lo que viene de Él como santo; pero como viene a través de humanos, no debiera ser considerada como infalible.

Las Sagradas Escrituras, tal como fueron originalmente escritas, son infalibles. Ellas son la roca de la verdad y la pura revelación de Dios y de sus caminos, sobre las cuales edificamos nuestra vida con la seguridad de que permanecerán por siempre. Veo la profecía como el maná que el Señor sirvió en el desierto. Viene de Él y nos ayuda a sustentarnos en nuestro andar diario, pero si tratamos de retenerla por más tiempo de lo necesario, se echará a perder.

Las Sagradas Escrituras son permanentes y se nos han dado para que podamos edificar nuestras vidas sobre la verdad, mientras que la profecía es dada para edificación y ánimo, guardándonos estratégicamente en la voluntad del Señor cada día. La calidad de toda relación está determinada por la calidad de la comunicación, y toda relación que no tenga una comunicación continua es una relación pronta a morir. La profecía nos ayuda a mantener renovada nuestra relación cotidiana con el Señor, por lo cual creo que Las Sagradas Escrituras nos alientan a buscar "**sobre todo**" este don.

Yo he buscado el don de profecía por muchos años. Lo hice en obediencia a la palabra de Dios que nos exhorta a hacerlo, porque amo los dones proféticos. Amo las experiencias proféticas, aun cuando algunas de ellas han sido verdaderas represiones para mí. Incluso así, he orado mucho más por sabiduría y por el don de la palabra de sabiduría que lo que he orado por ningún otro don. Esa es la razón por la que creo que el Señor casi siempre se me aparece en esas experiencias personificado como Sabiduría. También creo que una persona verdaderamente sabia ama la represión, porque *"la disciplina es el camino a la vida"* (Proverbios 6:23). En cada una de esas experiencias, recibí una profunda y necesaria corrección en mi vida.

En este libro, también hay correcciones básicas para la Iglesia en general. A excepción de las iglesias en las que tengo responsabilidad personal, trato de no ver los problemas que afligen al Cuerpo de Cristo. La Iglesia es la Novia del Señor, y yo soy lo bastante cauto como para no presumir de traer corrección a ella. Así como Pablo explicó a los corintios, tenemos esferas de autoridad dentro de las cuales debemos permanecer.

No está bien que yo corrija al hijo de otro; pero como amigo, puedo hablarle a sus padres y espero que ellos también sientan la libertad de hablarme a mí si ven cosas que necesito corregir en mis hijos. Sin embargo, en las experiencias incluidas en este libro, el Señor me mostró que la Iglesia actual se dirige a una terrible catástrofe si no hacemos algunas correcciones básicas en su curso. Considero que yo mismo tengo esos problemas, y por lo tanto, si me preguntara qué deberíamos hacer al respecto, todo lo que podría decirle ahora es que también trato de resolverlos. Busco más revelación, un mayor entendimiento en la interpretación y la sabiduría para aplicarlo todo correctamente.

Lo animo nuevamente a tener en cuenta que, aunque las experiencias proféticas que tuve cuando recibí estos mensajes fueron muy reales cuando tuvieron lugar, con frecuencia me parecieron irreales a las pocas horas. Eso fue muchas veces un problema al momento de escribirlas. Hice lo mejor que pude para escribirlas tan fielmente como las recibí, pero de ninguna manera alego que son las palabras exactas que se me hablaron, o que todo lo registrado acerca de estas experiencias está escrito precisamente como sucedió. No obstante, aunque pude haber olvidado algunos detalles o no siempre puse las palabras adecuadas, el mensaje es verdadero, es del Señor, y el tiempo está cercano.

Rick Joyner
Noviembre de 1998

LA
GLORIA

Me QUEDÉ PARADO ante la puerta por la cual entraría luego. Era simple y nada atractiva. Al voltearme para mirar una vez más el Gran Trono del Juicio, estaba sobrecogido por su gloria y expansión. No quería irme de este lugar, aunque la maldad de mi propio corazón era continuamente expuesta. Si bien el proceso era doloroso, era tan liberador que no quería que cesara. En realidad, anhelaba más convicción.

"*Y tendrás más*", interrumpió Sabiduría, conociendo mis pensamientos. "*Lo que has hallado aquí seguirá contigo. Sin embargo, no tienes que venir acá para ser cambiado. El poder de la cruz es suficiente para cambiarte. Lo que has experimentado aquí, puedes experimentarlo todos los días. El Espíritu Santo fue enviado para convencerte de pecado, para guiarte a la verdad y para dar testimonio de mí. Él está contigo constantemente. Debes llegar a conocer mejor al Espíritu Santo.*

Muchos creen en el Espíritu Santo, pero pocos le dan lugar en sus vidas. A medida que el fin de esta era se aproxima, eso cambiará. El Espíritu Santo está por moverse en la Tierra como lo hizo en el principio. Tomará el caos y la confusión que se mueven en la Tierra y traerá la nueva creación justo en medio de ella. Estás por entrar a un tiempo en el que Él hará maravillas constantemente, y el mundo entero andará en el temor de sus obras.

Él hará todo esto a través de mi pueblo. Cuando el Espíritu Santo se mueva, los hijos e hijas del Señor profetizarán. Desde el viejo hasta el joven soñarán sueños y verán visiones. Las obras que hice, y mayores aún, las harán en mi nombre, para que Yo sea glorificado en la Tierra. La creación a una gime y tiene dolores de parto, por lo que el Espíritu Santo está a punto de hacer.

Lo que encontrarás detrás de esa puerta te ayudará a prepararte para lo que vendrá. Yo soy el Salvador, pero también soy el Juez. Estoy a punto de revelarme al mundo como el Juez Justo. Pero primero debo revelar mi juicio a mi propia casa. Mi pueblo está por conocer la comunión con el Espíritu Santo. Luego ellos conocerán su poder para convencer de pecado. Después conocerán también que Él siempre los guiará a la verdad que los hará libres. Esta es la verdad que testifica de mí. Cuando mi pueblo haya llegado a conocerme como el YO SOY, entonces los usaré para testificar de mí.

Yo soy el Juez, pero es mejor para ti que te juzgues tú mismo para que Yo no tenga que hacerlo. Aún así, mis juicios están por ser restaurados a mi pueblo. Yo juzgaré primero a mi propia casa. Luego de eso, juzgaré a toda la Tierra."

La gloria de Sabiduría eclipsaba todo lo que me rodeaba. Nunca antes había visto tal esplendor, ni aun aquí. Aumentaba a medida que hablaba de sus juicios. Supe por este hecho que había una gloria que sería vista al conocerlo a Él como Juez, que era mayor que la que había conocido previamente. Comencé a sentirme tan pequeño e insignificante en su presencia que era difícil concentrarme en lo que Él decía. Justo cuando pensé que sería invadido por su gloria, extendió su mano y me tocó en la frente, suave pero firmemente. Cuando lo hizo, mi mente se aclaró y pude concentrarme.

"Comenzaste a mirarte a ti mismo. Eso siempre traerá confusión, haciendo más difícil para ti escucharme. Cada vez que experimentas mi toque, tu mente se aclara. Cada vez que sientas mi presencia, sabe que he venido para tocarte con el propósito de que puedas verme y oírme. Debes aprender a permanecer en mi presencia sin volverte demasiado ensimismado y conciente de ti mismo. Esto te hace volverte de la verdad que es en mí al engaño de tu naturaleza caída.

Muchas personas caen cuando mi Espíritu los toca. El tiempo de caerse se acabó. Debes aprender a estar de pie cuando mi Espíritu se mueve. Si no estás de pie cuando mi Espíritu se mueve, Él no puede usarte. Los paganos son quienes deberían caer delante de mí, pero Yo necesito que mi pueblo esté de pie para que pueda usarlo."

EL ORGULLO DE LA FALSA HUMILDAD

—Señor, disculpa —supliqué—, pero tu presencia es tan irresistible. ¿Cómo hago para no sentirme tan pequeño cuando estoy cerca de ti como ahora?

—Eres pequeño, pero debes aprender a permanecer en mi presencia sin mirarte a ti mismo. No serás capaz de escucharme o hablar por mí si estás mirándote a ti mismo. Siempre serás incompetente. Siempre serás indigno para lo que te llame a hacer, pero nunca será tu competencia o tu dignidad lo que haga que Yo te use. No debes mirar tu incompetencia o incapacidad, sino mi capacidad. Debes dejar de mirar tu indignidad y mirar mi justicia. Cuando eres usado, es por lo que Yo soy, no por lo que tú eres.

Sentiste mi enojo al comenzar a mirarte a ti mismo. Es el mismo enojo que sentí hacia Moisés cuando empezó a quejarse de lo incapaz que era. Esto no hace más que revelar que te miras más a ti mismo que a mí, lo cual es la principal razón por la que puedo usar a tan pocas personas de mi pueblo para lo que deseo hacer. Esta falsa humildad es en realidad una forma del orgullo que causó la caída del hombre. Adán y Eva comenzaron a sentirse incapaces y que necesitaban ser más de lo que Yo los había creado para ser. Ellos se encargaron de convertirse en lo que querían ser. Nunca puedes convertirte en lo que deberías ser, sino que debes confiar en que Yo te haré lo que debes ser.

Aunque nunca había relacionado la falsa humildad con la caída del hombre en el Jardín del Edén, sabía que esto había sido la mayor piedra de tropiezo que había impedido a muchos ser usados por el Señor, y lo había enseñado muchas veces. Ahora en su presencia, mi propia falsa humildad era revelada y lucía aún peor que la que había visto en cualquier otra persona. Esta forma de orgullo era repulsiva, y pude entender por qué había encendido el enojo del Señor.

En su presencia, todo lo que somos es pronto revelado, y aun luego de todo el juicio que había soportado, todavía tenía algunas de las fallas más elementales que me impedían conocer al Señor y servirlo como a lo que fui llamado. Tan horrible como era, no quería pensar más en mí, así que me volví para mirarlo a Él con el deseo de ver tanto de su gloria como pudiera tolerar mientras que Él estuviera conmigo de esta forma. Inmediatamente, mi tristeza se transformó en éxtasis. Mis rodillas querían doblarse, pero estaba decidido a estar de pie la mayor cantidad de tiempo posible.

Enseguida me desperté. Por los días subsiguientes sentí una energía surgiendo de mí que hacía que todo pareciera glorioso. Amaba todo lo que veía. Un picaporte me parecía incomprensiblemente bello. Las casas antiguas y los autos eran tan hermosos para mí, que lamentaba no ser un artista para poder capturar su belleza y nobleza. Todos los árboles y animales parecían amigos muy especiales. Cada persona que veía era un compendio de revelación y significado, y estaba agradecido porque tendría toda la eternidad para conocerlos. No podía mirar nada sin ver la magnificencia; me costaba creer que yo hubiera pasado casi toda mi vida con ellos y me hubiera perdido tantas cosas.

Pero aun así, con toda esta maravillosa emoción y revelación que sentía fluyendo dentro de mí, no sabía qué hacer con ella. Sabía que si no aprendía a usarla para bien, pronto se desvanecería (lo cual sucedió en pocos días). Era como si el sentido de la vida se me escurría, y sabía que tenía que recuperarlo. Lo que había experimentado era más maravilloso que cualquier droga, y me había vuelto adicto. Este era el resultado de ver su gloria, y tenía que ver más. Deseaba aprender a *permanecer* en su presencia y permitir que su vida fluyera a través de mí para poder tocar a otros. Tenía que permanecer en el Espíritu Santo y permitirle que me usara. *Ese era mi llamado.*

DOS TESTIGOS

Había estado en una profunda depresión durante varios días. Todo me parecía desolado. Incluso el sonido de la gente me irritaba, y cualquier trastorno en lo que quería hacer me fastidiaba. Pensaba lo peor de los que me rodeaban y tenía que luchar para contener los malos pensamientos que me surgían en contra de ellos. Sentía como si me hubiera deslizado dentro del infierno y estuviera cayendo un poco más profundo cada día. Finalmente, clamé al Señor y casi de inmediato me encontré parado enfrente de la puerta, con Sabiduría parado a mi lado.

—Señor, lo siento. Parece ser que resbalé de tu presencia y caí en el infierno.

—*El mundo entero todavía yace bajo el poder del maligno* —replicó Él—, *y cada día caminas al borde de él. En medio de él, hay una senda de vida. Hay zanjas hondas a cada lado del camino de la vida, así que no debes desviarte del camino angosto.*

—Es verdad, caí en una de esas zanjas y no pude encontrar la manera de salir.

—*Nadie puede encontrar su propia salida en esos pozos. Siguiendo tus propios caminos fue como caíste en ellos, y tu propio camino nunca te sacará fuera. Yo soy la única salida. Cuando caigas, no pierdas tiempo tratando de explicarte todo, porque solo lograrás hundirte más en el lodo. Solo pide ayuda. Yo soy tu pastor y siempre te ayudaré cuando me invoques.*

—Señor, no quiero perder el tiempo tratando de comprenderlo todo, pero realmente me gustaría entender cómo caí tan lejos, tan rápido. ¿Qué me hizo volverme del camino de la vida y caer en una zanja como esa? Tú eres Sabiduría, y sé que es sabio preguntar.

—*Sabiduría es saber cuándo preguntar para entender y cuando simplemente pedir ayuda. Aquí es sabiduría que pidas ayuda. Solo al estar en mi presencia, podrás entender. Tu entendimiento siempre será distorsionado cuando estés deprimido, y nunca verás la verdad exacta desde ese lugar. La depresión es el engaño que viene de mirar el mundo desde tu perspectiva. La verdad viene de ver el mundo a través de mis ojos, desde donde Yo estoy sentado a la diestra del Padre. Como los querubines en Isaías 6, aquellos que habitan en mi presencia podrán decir: 'Toda la Tierra está llena de su gloria'.*

Recordé el modo en el que, como nuevo creyente, había leído ese texto y había pensado que esos querubines estaban engañados. No podía entender cómo podían decir: "*Toda la tierra está llena de su gloria*", cuando toda la Tierra parecía estar llena de guerras, enfermedades, abuso infantil, traición y maldad por todos lados. Entonces el Señor me habló un día y me dijo: *"La razón por la que estos querubines dicen que toda la Tierra está llena de mi gloria es porque ellos habitan en mi presencia. Cuando tú habites en mi presencia, no verás nada más que gloria".*

—Señor, recuerdo que me enseñaste eso, pero no lo he vivido muy bien. He pasado gran parte de mi vida viendo desde el lado oscuro. Creo que he pasado la mayor parte de ella sentado en una de esas zanjas al costado del camino de la vida más que caminando sobre él.

—*Es verdad* —respondió el Señor—. *De vez en cuando te ponías de pie y dabas algunos pasos, pero luego resbalabas a la zanja que había del otro lado. Incluso así, has avanzado algo, pero ahora es tiempo de que estés en el camino. No tienes más tiempo que perder en esas zanjas.*

La bondad y paciencia del Señor parecían envolverme a medida que Él continuaba diciendo:

—*¿Qué te hizo deslizarte hacia esa zanja la última vez?*

Luego de pensarlo, pude ver que me había concentrado en mantener el sentimiento en vez de conocer la Fuente de ese sentimiento.

—Quité mis ojos de ti—, confesé.

—*Sé que parece muy simple, pero eso es lo que hiciste, y quitar tus ojos de mí es todo lo que tienes que hacer para ser arrastrado fuera del camino de la vida. Cuando permaneces en mí, no verás nada más que gloria. Eso no*

quiere decir que no verás los conflictos, confusión, oscu-
ridad y engaño que hay en el mundo, sino que cuando los
veas, siempre verás mi respuesta a ellos. Cuando perma-
nezcas en mí, siempre verás cómo la verdad prevalece so-
bre el engaño, y verás la forma en que mi Reino vendrá.

—Señor, cuando estoy aquí todo es más real para
mí que cualquier cosa que haya experimentado en la
Tierra, pero cuando estoy en la Tierra, todo lo de aquí
parece un sueño irreal. Yo sé que esta es la verdadera
realidad, y que la de la Tierra es temporal. También sé
que si este lugar fuera más real para mí cuando estoy en
la Tierra, sería capaz de caminar más en tu sabiduría y
mantenerme en el camino de la vida. Tú has dicho que
siempre es sabiduría pedir. Te pido que hagas que este
reino sea más real para mí cuando me encuentre en la
Tierra. Entonces podré ser capaz de andar en tus caminos más perfectamente. También te pido que me ayudes
a transmitir esta realidad a otros. La oscuridad aumenta
sobre la Tierra, y hay pocos que tienen la visión. Te pido
que nos des más de tu poder, déjanos ver más de tu
gloria y haznos conocer el verdadero juicio que viene
de tu presencia.

—*Cuando comiences a vivir por lo que ves con los*
ojos de tu corazón, caminarás conmigo y verás mi gloria.
Los ojos de tu corazón son tus ventanas a este ámbito del
Espíritu. Con los ojos de tu corazón, llegarás al Trono de
mi Gracia en cualquier momento. Si vienes a mí, Yo seré
más real para ti. También te confiaré más poder.

Cuando Él habló, me sentí impulsado a voltearme y
mirar las multitudes de reyes, príncipes, amigos y siervos del Señor que estaban de pie en el Trono del Juicio.
El asombro y la gloria de todo lo que ocurría allí eran

tan grandes que hubiera estado satisfecho de haberme quedado allí para siempre. Otra vez estaba asombrado de pensar que ese lugar era solo el principio del cielo. Pero aun con todas sus maravillas, la verdadera maravilla del cielo era la presencia del Señor. Aquí, en el comienzo del cielo, Él era Sabiduría y Él era el Juez, lo cual es lo mismo.

—Señor —pregunté—, aquí tú eres Sabiduría y eres el Juez, ¿pero cómo eres conocido en las otras partes del cielo?

—*YO SOY Sabiduría y YO SOY el Juez en todas partes, pero también YO SOY mucho más. Porque preguntaste te mostraré quién YO SOY. Con todo, tú solo has comenzado a conocerme como Sabiduría y como Juez. A su debido tiempo, verás más de mí, pero primero debes aprender más sobre mis juicios.*

EL PRIMER TESTIGO

"Los juicios de Dios son el primer paso en el terreno celestial", dijo una voz que no había oído antes. "Cuando el Día del Juicio venga, el Rey será conocido por todos, y sus juicios serán entendidos. La Tierra será libertada. Pediste que sus juicios vinieran a tu vida, ahora empieza a pedir que ellos vengan al mundo."

Me di vuelta para ver quién había hablado. Él tenía gran estatura y resplandor, pero un poco menos que los otros que había encontrado en el Trono del Juicio. Supuse que era un ángel, pero entonces él dijo:

—Yo soy Lot. Tú has sido escogido para vivir en tiempos difíciles, al igual que yo. Como Abraham vivió e intercedió por Sodoma, tú debes hacer lo mismo. Durante los tiempos en que es liberada una gran perversión sobre la Tierra, los hombres y mujeres de fe también se levantarán. Del mismo modo que Abraham, debes usar tu fe para interceder por los malos, y también debes testificar que el juicio de Dios viene a la Tierra. El Señor no puede soportar la creciente maldad de la humanidad por mucho tiempo más. Yo guardé silencio, y muchos perecieron. No debes ser como yo; no debes callarte.

—Dime más. ¿Cómo les advierto? —le pregunté.

—Yo pensaba que yo mismo era una advertencia, simplemente por ser diferente. ¡Ser diferente no es suficiente! El poder del Espíritu Santo para convencer de pecado es soltado a través de la palabra hablada. Lo que el Señor le hizo a Sodoma lo hizo como ejemplo para que otros no tuvieran que ser destruidos de esa manera. Tú puedes amonestar a aquellos que están dirigiéndose a la destrucción contándoles mi historia. Ahora mismo, hay muchas ciudades cuya maldad Él no tolerará por mucho más tiempo. Si aquellos que conocen al Señor no se levantan, muy pronto habrá muchas ciudades más como Sodoma.

El Día del Juicio viene. Toda la creación entonces conocerá la sabiduría de sus juicios, pero tú no debes esperar hasta ese día. Debes buscar sus juicios cada día y debes hacerlos conocer en la Tierra. Si su pueblo camina en sus juicios, muchos en la Tierra sabrán de ellos antes del gran Día del Juicio. A causa de esto, muchos más serán salvos. Es su deseo que ninguno se pierda, y que ninguno de su pueblo se pierda en ese día.

La gente de la Tierra está cegada. Ellos no verán si simplemente tratas de ser un testigo. El mensaje del juicio debe correr en *palabras*. El Espíritu Santo unge las palabras, pero ellas deben ser pronunciadas para que Él pueda ungirlas. La justicia y el juicio son el cimiento de su trono. Su pueblo ha llegado a conocer algo de su justicia, pero pocos conocen su juicio. Su trono habitará en su casa, por lo tanto es necesario que el juicio comience por ella.

Debes vivir por la verdad que has aprendido aquí y debes enseñarla. Sus juicios vienen. Si su pueblo camina en sus juicios antes del Día del Juicio Final, ese día será glorioso para ellos. Si no viven por sus juicios, ellos también conocerán el lamento que el mundo está a punto de conocer. Sus juicios no serían verdaderos si no fueran iguales para todos. A través de ti y de otros, Él rogará a su pueblo nuevamente que se juzguen a sí mismos para que no tengan que ser juzgados. Entonces tienes que rogarle al mundo.

Lot me llevó a mirar la puerta ante la cual estaba parado. Todavía parecía oscura y poco atractiva, como las doctrinas del juicio de Dios, creo. La gloria de Dios que nos rodeaba la hizo parecer más sombría aún. Con todo, ahora yo sabía cuán glorioso es su juicio en verdad. También había llegado a comprender que casi todas las puertas a las que Él nos guía parecen poco prometedoras al principio y luego se vuelven gloriosas. Casi pareciera que cuanto más inhóspita es la puerta, más gloriosa será del otro lado. Pasar por esas puertas requiere fe, pero siempre nos llevan a más gloria.

Lot continuó con mi línea de pensamiento. Como ya había aprendido, en este lugar los pensamientos eran transmitidos a todos.

"A través de esa puerta experimentarás más de su gloria. Su gloria no es solo el resplandor que ves a su alrededor o en este lugar; tampoco es meramente los sentimientos que tienes cuando permaneces en Él. Su gloria también se revela a través de sus juicios. Esta no es la única forma en que es revelada, pero es la manera en que fuiste llamado aquí para entenderla. A través de esa puerta, aprenderás otra forma de ver su gloria. Al ver su gloria, su pueblo será cambiado, y Él está por mostrársela. Cuando ellos la vean, se regocijarán en todos sus caminos, incluso en sus juicios."

EL SEGUNDO TESTIGO

Entonces una segunda voz habló: "Yo también confirmo esa verdad. El juicio de Dios está a punto de ser revelado en la Tierra. Incluso así, 'la misericordia triunfa sobre el juicio'. El Señor siempre extiende su misericordia antes del juicio. Si has de advertir a las personas que su juicio se acerca, su misericordia salvará a muchos".

No reconocía al que hablaba, pero era otro hombre de gran estatura y nobleza, con un resplandor que indicaba un alto rango.

—Soy Jonás —dijo—. Cuando entiendas los juicios del Señor, entenderás sus caminos. Sin embargo, aun si tú los comprendes, eso no quiere decir que los aceptes. El entendimiento es necesario, pero no es suficiente. El Señor además quiere que estés de acuerdo con Él.

Muchas veces has pedido que la presencia de Dios vaya contigo. Eso es sabiduría. Yo era un profeta y lo conocía, pero traté de escapar de su presencia. Eso fue una gran tontería, pero no tan tonta como puedes pensar.

Había llegado a entender el gran ardor que viene con su presencia. Había llegado a entender la responsabilidad que viene de estar cerca de Él. En su presencia, toda madera, heno y hojarasca son consumidos. Cuando te acercas a Él con pecado oculto en tu corazón, eso te lleva a la locura, tal como muchos han aprendido en años. En realidad, yo no trataba de huir de la voluntad del Señor tanto como trababa de huir de su presencia.

Cuando pides la realidad de su presencia, estás pidiendo que la realidad que has visto aquí vaya contigo. El cielo es tu verdadero hogar, y está bien que anheles esto. Pero Él es un Dios santo, y si has de andar cerca de Él, tú también debes ser santo. Cuanto más te acerques a Él, más letal puede ser el pecado oculto.

—Lo entiendo —respondí—. Por eso, fue que pedí los juicios de Dios en mi propia vida.

—Ahora debo preguntarte algo —continuó Jonás—. ¿Lo buscarás a Él? ¿Vendrás a Él?

—Por supuesto —repliqué—. Deseo su presencia más que ninguna otra cosa. No hay nada mejor que estar en su presencia. Sé que muchas de mis motivaciones para desear estar con Él son egoístas, pero estar con Él me ayuda a liberarme de esa clase de egoísmo. Sí, quiero estar con Él. Vendré a Él.

—¿Lo harás? —prosiguió Jonás—. Hasta ahora has sido más necio de lo que fui yo. Puedes venir confiado ante su Trono de Gracia cada vez que lo necesites, pero raramente lo haces. Anhelar su presencia no es suficiente. Debes venir a Él. Si te acercas a Él, Él se acercará a ti. ¿Por qué no lo haces? Estarás siempre tan cerca de Él como *quieras* estarlo.

Muchos han llegado a conocer y seguir sus caminos, pero no vienen a Él. En los tiempos que pronto llegarán, ellos se alejarán de sus caminos porque no vinieron a Él. Te has burlado de mi necedad, la cual fue grande, pero la tuya es aún mayor que la mía. No obstante, yo no me río de tu insensatez; en cambio, lloro por ti. Tu Salvador llora por ti; Él intercede por ti continuamente. Cuando Él llora, todo el cielo llora. Yo lloro porque sé lo necio que su pueblo es. Te conozco porque eres como yo, y al igual que yo, la Iglesia ha corrido a Tarsis, deseosa de negociar con el mundo más que sentarse ante su glorioso trono. Al mismo tiempo, la espada de los juicios de Dios se agita sobre la Tierra. Lloro por la Iglesia porque los conozco muy bien.

—¡Soy culpable!", —supliqué—. ¿Qué podemos hacer?

—Grandes tormentas vienen sobre la Tierra, —prosiguió Jonás—. Yo dormí mientras la tormenta vino sobre el barco en el que me encontraba cuando huía del Señor. La Iglesia también duerme. Yo era el profeta de Dios, pero los paganos tuvieron que despertarme. Así es con la Iglesia. Los paganos tienen más discernimiento que la Iglesia en este momento. Ellos saben cuándo la Iglesia va en la dirección equivocada y sacuden, tratando de despertarla para que ustedes puedan clamar a Dios.

Pronto los líderes del mundo te echarán fuera de borda, así como los hombres de aquel barco tuvieron que hacer conmigo. Ellos no te dejarán seguir yendo en la dirección en la que vas. Esta es la gracia de Dios para ti. Luego Él te disciplinará con una gran bestia que emerge del mar. Ella te tragará por un tiempo, pero serás vomitado fuera de ella. Entonces predicarás su mensaje.

—¿No hay otra alternativa? —le pregunté.

—Sí, hay otra alternativa —respondió Jonás—, aunque esto ha venido y viene. Algunos ya están en el estómago de la bestia. Algunos están a punto de ser echados por la borda, y otros todavía están durmiendo, pero casi todos han estado en el barco que va en la dirección incorrecta, buscando negociar con el mundo. No obstante, puedes juzgarte y no tendrás necesidad de que Él te juzgue. Si te despiertas tú mismo, te arrepientes y vas en la dirección que Él te envía, no tendrás que ser tragado por la bestia.

—¿La bestia a la que te refieres es la de Apocalipsis 13? —inquirí.

—La misma. Como leíste en ese capítulo, la bestia está para hacer guerra contra los santos y para vencerlos. Pero sabe que los que son vencidos por la primera bestia serán vomitados fuera de ella antes que la próxima bestia venga, la que emerge de la Tierra. Aun así, será mucho más fácil para ti si te arrepientes. Es mucho mejor no ser tragado por la bestia.

Así como la historia de Lot es una advertencia para todos los que son dados a la perversión, mi historia es una advertencia para el profeta del Señor, la Iglesia. Ella está huyendo de la presencia del Señor. Corre hacia la actividad en vez de buscar la presencia del Señor. Puedes llamar a tu actividad "ministerio", pero en verdad es huir de la presencia del Señor. Como te he dicho, la Iglesia está huyendo a Tarsis para negociar con el mundo y buscar los tesoros del mar, mientras muy pocos buscan los más grandes: los tesoros del cielo.

El pecado de querer negociar con el mundo ha enredado a la Iglesia, así como yo fui enredado en el vientre de la bestia con las algas que envolvían mi cabeza. Las algas, las cosas del mundo, han rodeado la mente de la Iglesia. Me llevó tres días volverme al Señor, porque estaba demasiado enredado. A los cristianos les lleva mucho más que eso. Sus mentes están tan enredadas con el mundo, y ellos han caído en tales profundidades, que muchos no tienen siquiera esperanzas de liberarse. Debes volverte al Señor en vez de alejarte de Él. Él puede desenredar *cualquier* embrollo y sacarte de las profundidades más inmensas. ¡No corras más *de* Él! ¡Corre *hacia* Él!

Luego Lot agregó:

—Recuerda la misericordia que el Señor tuvo por Nínive. Tuvo misericordia porque Jonás predicó. Él no vivía entre ellos y trató de ser un testigo: predicó la palabra de Dios. El poder está en la palabra. No hay oscuridad tan oscura que su palabra no pueda penetrar. Muchos se arrepentirán y serán salvos si andas entre aquellos a los que el Señor te envía y les das su amonestación.

Entonces Jonás continuó:

—Cuando caes de la gracia y el pecado te enreda, es difícil que te vuelvas a Él. Debes aprender siempre a correr al Señor en tiempos así. Cuando atravieses esa puerta, entrarás a tiempos en donde el poder del Señor y su gloria serán soltados sobre la Tierra de un modo en que Él no lo ha hecho desde el principio de los tiempos. Todo el cielo ha esperado por las cosas que tú estás a punto de ver. También será el tiempo de mayor oscuridad. No podrás soportar ni la gloria ni la oscuridad sin su gracia. No podrás caminar en sus caminos sin venir a Él diariamente. No solo debes buscar su presencia, sino que debes permanecer en su presencia continuamente.

Los que han tratado de seguirlo con solo buscarlo una vez por semana en un culto, mientras que el resto de la semana pasaban buscando al mundo, pronto desaparecerán. Los que invocan su nombre, pensando que Él es su siervo, también pronto desaparecerán. Él es el Señor de todo, ¡y todos pronto lo sabrán! Primero, su propia casa debe saberlo, por eso, el juicio va a empezar por su propia casa.

Es atrevimiento solo buscar al Señor cuando necesitas algo. Debieras buscarlo para ver qué necesita Él, no tú. Muchos de los que tienen algo de fe tienen también un gran atrevimiento; la línea entre ambas cosas puede ser muy delgada. Cuando los juicios de Dios vengan a su casa, su pueblo aprenderá la diferencia entre la fe y el atrevimiento. Los que tratan de hacer su obra sin Él desaparecerán. Muchos tienen fe en el Señor, pero solo lo conocen a la distancia. Estos hacen grandes obras en su nombre, pero Él no los conoce. Los que lo han conocido de lejos pronto llorarán a causa de su necedad.

Dios no existe por causa de su casa, su casa existe por causa de Él. En su paciencia, ha esperado fuera de su propia casa mientras golpeaba y llamaba, pero pocos le han abierto. Los que oyen la voz del Señor y le abren, se sentarán a su mesa. Ellos también se sentarán con Él en su trono y verán el mundo tal como Él lo ve. El atrevimiento no puede sentarse a su mesa ni en su trono. El atrevimiento es el orgullo que causó la primera caída, y toda la oscuridad y la maldad que están por ser arrancadas en la Tierra han venido a causa de él.

Cuando Satanás vio la gloria de Dios, se desvió hacia el camino del atrevimiento. Satanás habitó en su presencia y aun así le dio la espalda. Este es el mayor peligro para todos los que ven su gloria y conocen su presencia. No te vuelvas atrevido a causa de lo que has visto. Nunca te vuelvas orgulloso por tus visiones; esto siempre te llevará a una caída."

JUICIOS DE MISERICORDIA

Cuando Jonás habló, cada palabra era como un martillo que golpea. Yo estaba consternado por mi pecado. No solo estaba avergonzado por el modo en el cual había pensado acerca de él, sino que estaba más avergonzado aun por burlarme de Jonás por exactamente las mismas cosas que yo también había hecho.

Aunque trataba desesperadamente de estar en pie, mis rodillas no pudieron sostenerme más, y caí con mi rostro a tierra. Sus palabras fueron como ser azotado con un látigo, pero a la vez el dolor era agradable. Sabía que precisaba oírlas y no quería que Jonás dejara de enseñarme hasta que toda mi maldad fuera expuesta. El poder expositor de sus palabras era grandioso, pero era mucho más que eso. Había un poder en ellas que justificaba que fueran tan abrumadoras. Ellas traspasaban cada obstáculo e iban directo a mi corazón. Al estar en el suelo, sentí como si estuviera siendo sometido a una cirugía.

Entonces Lot interrumpió:

—Muchos creyentes han hecho del caer bajo la presencia del Señor una práctica frívola y sin sentido, pero la Iglesia está por caer bajo el mismo poder que te derribó a ti: la convicción. Si caes cuando no puedes estar de pie, entonces tu caída resultará en ponerte de pie para defender la verdad.

Todavía no quería moverme. No quería hacer nada hasta que hubiera captado firmemente lo que Jonás había dicho. No quería que esa convicción se fuera hasta que hubiera hecho su obra. Ellos parecieron entender, ya que hubo silencio por un tiempo, y entonces Lot continuó.

—Jonás tenía la mayor unción para predicar que se le hubiera dado a un hombre. Sin necesidad de milagros o señales, cuando él predicó, una de las ciudades más malvadas que existieron se arrepintió. Si Jonás hubiera predicado en Sodoma, esa ciudad hubiera permanecido hasta este día. El poder de Jonás que predicaba era una señal. Cuando él se despertó y fue vomitado fuera de la bestia, recuperó su poder. Este es el poder de predicar que le será dado a la Iglesia en los últimos días. Este es el poder de convicción que el Señor espera para darle a la Iglesia. Cuando ella sea vomitada fuera de la bestia que la ha tragado, aun el más malvado escuchará sus palabras. Esta es la señal de Jonás que le será dada a la Iglesia. Las palabras de los que experimentan la resurrección de lo profundo, tendrán poder.

Todavía me encontraba atontado. Incluso así, estaba determinado a correr hacia el Señor y no a huir de Él, así que me volteé directamente a Sabiduría.

—Señor, ¡yo también puedo quedar fuera de lo que viene! Soy culpable de todas esas cosas. He visto tanto de tu gloria, y todavía caigo en las trampas y distracciones que me impiden acercarme a ti. Por favor, ayúdame en esto. Necesito desesperadamente tu sabiduría, pero también necesito tu misericordia. Por favor, envía tu misericordia y ayúdanos antes de que envíes el juicio que merecemos. Te pido la piedad de la cruz.

Sabiduría respondió:

—*Te será dada misericordia porque la pediste. Te daré más tiempo. Mi misericordia para ti es tiempo. Úsalo sabiamente, porque pronto no habrá más. Se acerca el tiempo en que ya no puedo demorarme más. Cada día que retraso mi juicio es misericordia. Míralo de ese modo y úsalo sabiamente.*

Siempre preferiré mostrar misericordia antes que juicio, pero el fin se acerca. La oscuridad aumenta, y el tiempo de gran tribulación estará aquí pronto. Si no usas el tiempo sabiamente, la tribulación venidera te sorprenderá. Si, en cambio, usas el tiempo que te doy sabiamente, vencerás y prevalecerás. Hay una característica común a los vencedores de todas las épocas: ¡no desperdiciaron su tiempo!

En mi misericordia, te doy esta advertencia. Amonesta a mi pueblo que en mi misericordia, no los dejaré presumir de ella. En mi misericordia, mi disciplina estará sobre ellos. Adviérteles que no endurezcan su corazón, sino que se arrepientan y se vuelvan a mí.

Es verdad que tú también puedes quedar fuera. Tu amor se enfriará y me negarás, si no te niegas a ti mismo y tomas tu cruz diariamente. Los que quieran salvar su vida la perderán, pero los que pierdan su vida por mi causa hallarán verdadera vida. Lo que le daré a mi pueblo será una vida aun más abundante de la que han pedido, incluso en su atrevimiento.

Cuando haya terminado de juzgar a mi casa, enviaré mis juicios sobre toda la Tierra. En mi justo juicio, haré una distinción entre mi pueblo y los que no me conocen. Ahora el mundo entero yace bajo el poder del maligno. Ahora él recompensa la injusticia y resiste a los justos. Cuando el Día del Juicio venga, el mundo entero sabrá que Yo recompenso la rectitud y resisto a los soberbios.

La justicia y el juicio son el fundamento de mi trono. Es por causa de mi justicia que disciplino más severamente a los que conocen la verdad, pero no viven según ella. Te he traído aquí para que veas mis juicios. Has adquirido entendimiento aquí, pero habrá un juicio mucho mayor para ti si no caminas en lo que has visto. Al que mucho le es dado, mucho se le demandará. Aquí has conocido la misericordia de mis juicios. Si continúas permitiendo que el pecado te enrede, conocerás la severidad de mis juicios. Muchos de mi pueblo todavía aman el pecado. Los que aman el pecado y su propia comodidad más que a mí pronto conocerán mi severidad. Ellos no soportarán los tiempos que se avecinan.

Mostraré severidad para con el altivo y misericordia para con el humilde. La mayor distracción de mi pueblo no han sido las dificultades, sino la prosperidad. Si mi pueblo me buscara durante los tiempos de prosperidad, les confiaría aun más riquezas de mi Reino. Deseo que puedas abundar en ellas para toda buena obra. Quiero que tu generosidad desborde. Mi pueblo prosperará en riquezas terrenales en los tiempos venideros, incluso en tiempos de problemas, pero las riquezas provendrán de mí y no del príncipe de esta era de maldad. Si no te puedo confiar riquezas terrenales, ¿cómo podré confiarte los poderes de la era venidera? Debes aprender a buscarme tanto en la prosperidad como en la pobreza. Todo lo que te encomiendo todavía es mío. Solo les confiaré más a los que son más obedientes.

El príncipe de las tinieblas también concede pros-
peridad. Él continúa haciéndole el mismo ofrecimiento
a mi pueblo que me hizo a mí: les dará los reinos de
este mundo a los que se postren y le adoren y le sirvan
viviendo de acuerdo a sus caminos. Hay una prospe-
ridad del mundo, y hay una prosperidad de mi Reino.
Los juicios que se aproximan ayudarán a mi pueblo a
conocer la diferencia. Las riquezas de los que han pros-
perado por servir al príncipe de esta era de maldad y
por usar los caminos de esta era de maldad serán una
piedra de molino que penderá de sus cuellos cuando la
marea suba. Todos pronto serán juzgados por la verdad.
Los que prosperan a causa de mí no comprometerán la
verdad para poder hacerlo.

Mi juicio comienza por mi casa para enseñarles la
disciplina, para que puedan andar en obediencia. La
paga del pecado es muerte, y la paga de los justos es paz,
gozo, gloria y honra. Todos están a punto de recibir su
justo pago. Este es el juicio, y es justicia que comience
por mi propia casa.

Luego Lot y Jonás hablaron a una: "'Considera ahora
la bondad y la severidad de Dios'. Si has de conocerlo
más a Él, también has de saber más de estas dos".

La convicción caía sobre mí como una cascada, pero
era una cascada de aguas vivas. Era purificadora y re-
frescante; también era costosa. También supe que su
corrección me preservaría en lo que estaba a punto de
encontrar luego de entrar por esa puerta. Desesperadamente, quería toda la corrección que pudiera obtener
antes de pasar por ella. Sabía que necesitaría su corrección y estaba en lo cierto.

LA SENDA
DE LA VIDA

MEDITABA SOBRE LAS cosas que habían dicho Lot
y Jonás, cuando el Señor comenzó a hablar.

"Pediste conocer la realidad de este lugar aun cuando
andabas en la realidad terrenal. Esta es la realidad que
tú pediste: ver como Yo veo. No es este lugar lo que es la
realidad. La realidad está allí donde Yo esté. Mi presencia le otorga a cualquier lugar un verdadero realismo y
hace que todo lo que mires parezca muy vívido por el solo
hecho de que Yo soy la Vida. Mi Padre me hizo la Vida de
toda la creación, ya sea en los cielos o en la Tierra. Toda
la creación existe a través de mí y para mí, y aparte de
mí, no hay vida y no hay verdad.

Yo soy la Vida que está en la creación. Yo soy aun
la Vida en mis enemigos. YO SOY. Todo lo que existe lo
hace a través de mí. YO SOY el Alfa y la Omega; YO
SOY el principio y YO SOY el fin de todas las cosas. No
hay verdad o realidad aparte de mí. No es solamente la

realidad de este lugar la que tú buscas, sino la realidad de mi presencia. Tú buscas el verdadero conocimiento de mí, y este conocimiento otorga vida. Esta realidad está tan disponible para ti en el reino terrenal como está aquí, pero debes aprender no solo a buscar de mí, sino a buscarme a mí.

Soy el poder de Dios. Soy la revelación de su gloria. Soy la vida y soy el amor. También soy una persona. Amo a mi pueblo y quiero estar con él. El Padre me ama y también te ama a ti. Te ama tanto que me dio a mí para tu salvación. Queremos estar cerca de ti. Amamos la humanidad, y nuestra morada eterna estará contigo. Sabiduría es conocerme, conocer al Padre y conocer nuestro amor. La luz, la gloria y el poder que estoy por revelar en la Tierra serán liberados mediante aquellos que han llegado a conocer mi amor.

Mi Padre me ha dado todo el poder. Puedo ordenarles a los cielos, y ellos me obedecen, pero no puedo ordenar el amor. El amor exigido no es amor al fin. Llegará un tiempo en el que demande obediencia de las naciones, pero el tiempo de demostrar tu amor habrá pasado. Aunque no demando obediencia, aquellos que se acercan a mí me obedecen porque me aman y aman la verdad. Estos son los que serán dignos de reinar conmigo en mi Reino, los que me aman y me sirven a pesar de la persecución y el rechazo. Tú debes querer venir a mí. Los que se convierten en nuestra morada no lo hacen por una orden o simplemente porque conocen mi poder: lo hacen porque me aman y aman al Padre.

Los que vienen a la verdad vendrán porque nos aman y quieren estar con nosotros. Es por causa de la oscuridad que esta es la era del verdadero amor. El verdadero amor brilla más fuerte cuando hay más oscuridad. Me amas más cuando me miras con tu corazón y me obedeces, aunque tus ojos no puedan verme como lo hacen ahora. El amor y la adoración serán mayores en la gran oscuridad que está viniendo sobre la Tierra. Entonces toda la creación sabrá que tu amor por mí es verdadero y sabrá por qué deseamos habitar con los hombres.

Los que vienen a mí ahora y pelean contra las fuerzas del mundo que se rebelan contra mí vienen porque tienen el verdadero amor de Dios. Ellos quieren tanto estar conmigo que, aunque todo esto parezca irreal, incluso cuando todo llega a parecer un sueño borroso, están dispuestos a arriesgarlo todo por la esperanza de que su sueño sea real. Eso es amor. Es el amor de la verdad. Esa es la fe que le agrada a mi Padre. Toda rodilla se doblará cuando vean mi poder y mi gloria, pero los que se arrodillan ahora, cuando solo pueden verme borrosamente a través de los ojos de la fe, son los obedientes que me aman en Espíritu y en verdad. A estos pronto les encomendaré el poder y la gloria de la era vendiera, los cuales son más fuertes que cualquier oscuridad.

A medida que los días se hagan más oscuros sobre la Tierra, yo mostraré más de mi gloria. La necesitarás para lo que viene. Incluso así, recuerda que los que me sirven aun cuando no vean mi gloria son los fieles y obedientes, a los que les confiaré mi poder. La obediencia en el temor de Dios es el principio de la sabiduría, pero la sabiduría plena es obedecer por amor a Dios. Allí verás el poder y la gloria.

No estás aquí a causa de tu fidelidad. Hasta la humildad que te hizo orar pidiendo mis juicios fue un don. Estás aquí porque eres un mensajero. Porque te he llamado para este propósito, te di la sabiduría de pedir conocer mis juicios. Es sabiduría que seas fiel a lo que ves aquí, pero la mayor sabiduría es que vengas a mí cada día. Cuanto más vengas a mí, más real seré para ti. Puedo ser tan real para ti en la Tierra como lo soy ahora, y cuando conoces la realidad de mi presencia, caminas en la verdad.

YO SOY

Ahora me ves como el Señor del Juicio. También debes verme como el Señor del día de reposo. YO SOY ambos. Debes conocerme como el Señor de los Ejércitos y contemplar mis tropas, y debes verme como el Príncipe de Paz. YO SOY el León de Judá y YO SOY también el Cordero. Conocer mi sabiduría es también conocer mis tiempos. No andas en sabiduría si proclamas que soy el León cuando Yo quiero venir como el Cordero. Debes aprender a seguirme como el Señor de los Ejércitos en la batalla y debes saber cuándo sentarte conmigo como el Señor del día de reposo. Para poder hacerlo, debes conocer mis tiempos y solo puedes conocerlos cerca de mí.

El juicio venidero sobre todos los que invocan mi nombre pero no me buscan será que ellos cada vez estarán más y más fuera de tiempo conmigo. Estarán en el lugar equivocado, haciendo las cosas equivocadas y aun predicando el mensaje equivocado. Tratarán de cosechar cuando es tiempo de sembrar y de sembrar cuando es tiempo de cosechar. Por esta causa, no llevarán fruto.

Mi nombre no es YO FUI ni tampoco YO SERÉ, sino YO SOY. Para conocerme de verdad, debes conocerme en el presente. No puedes conocerme como el YO SOY a menos que vengas a mi todos los días. No puedes conocerme como el YO SOY a menos que habites en mí.

Aquí has tenido una muestra de mis juicios. Ahora vas a conocerme de otras formas. No serás capaz de conocerme completamente como el YO SOY hasta que vivas en la eternidad. Allí los diferentes aspectos de mi naturaleza encajan perfectamente, pero son complicados de ver cuando estás en el plano del tiempo. Este Salón del Juicio refleja una parte de mí que el mundo está a punto de conocer. Esto será una parte importante de tu mensaje, pero nunca será el todo. En una ciudad enviaré mi juicio, pero en la siguiente, puedo enviar misericordia. Enviaré hambre a una nación y abundancia a la otra. Para saber lo que hago, no debes juzgar por las apariencias, sino por la realidad de mi presencia.

En los tiempos que vienen sobre la Tierra, si tu amor por mí no se fortalece, se enfriará. YO SOY la Vida. Si no permaneces cerca de mí, perderás la vida que está en ti. YO SOY la Luz. Si no permaneces cerca de mí, tu corazón se oscurecerá.

Todas estas cosas las has sabido en tu mente y las has enseñado. Ahora debes saberlas en tu corazón y debes vivir por ellas. La vida fluye del corazón, no de la mente. Mi sabiduría no está solo en tu mente ni tampoco solo en tu corazón. Mi sabiduría es la unión perfecta entre la mente y el corazón. Porque el hombre fue hecho a mi imagen, su mente y corazón nunca pueden concordar alejados de mí. Cuando tu mente y tu corazón estén de acuerdo, podré confiarte mi autoridad. Entonces pedirás lo que desees, y Yo lo haré porque estarás en unión conmigo.

Por la dificultad de los tiempos en los que estás llamado a caminar, te he dado la experiencia de contemplar mi Trono del Juicio antes del tiempo establecido para tu juicio. Ahora tu oración ha sido respondida. Lo que no comprendiste fue que durante el tiempo en que esperabas que respondiera a esa oración, Yo estaba contestándola cada día a través de todo lo que permití que sucediera en tu vida.

Es mejor aprender de mis caminos y de mis juicios a través de las experiencias de la vida, en vez de aprenderlas de este modo. Te he dado esta experiencia porque eres un mensajero y porque el tiempo es breve. Ya sabías lo que has aprendido aquí, pero no vivías según ese conocimiento. Te he dado esta experiencia como misericordia, pero debes escoger vivir por ella.

Enviaré a muchos mensajeros a enseñarle a mi pueblo a vivir en juicio justo, para que no perezcan cuando mis juicios vengan sobre la Tierra. Debes escuchar a mis mensajeros y obedecer sus palabras que vienen de mí, y debes hacerlo sin demora porque el tiempo es corto. Escucharlos y no obedecerlos solo traerá más condenación sobre ti. Eso es juicio justo. Al que mucho le es dado, mucho se le demandará.

Estos son tiempos en que el conocimiento aumentará. El conocimiento de mis caminos también aumenta entre mi pueblo. A tu generación le ha sido dado más entendimiento que a ninguna otra generación, pero pocos están viviendo por ese entendimiento. Ha llegado el tiempo en que ya no toleraré a aquellos que dicen que creen en mí, pero no me obedecen. Los tibios están por ser removidos de entre mi pueblo. Los que no me obedecen, no creen en mí realmente. Con sus *vidas le enseñan a mi pueblo que la desobediencia es aceptable.*

Como Salomón escribió: 'Cuando no se ejecuta rápidamente la sentencia de un delito, el corazón del pueblo se llena de razones para hacer lo malo'. Esto les ha ocurrido a muchos en mi pueblo, y su amor se ha enfriado. Mis juicios van a venir más rápidamente, como una gracia para impedir que los corazones de mi pueblo se vuelvan a la maldad. Ellos van a conocer que la paga del pecado es muerte. No pueden continuar invocándome para que los libre de sus problemas cuando todavía siguen amando el pecado. Voy a dar un poquito más de tiempo para que se juzguen a sí mismos y Yo no tenga que juzgarlos, pero este tiempo será breve.

Porque tú has estado aquí, te será demandado aun más. También te impartiré más gracia para vivir por la verdad que has conocido, pero debes venir ante el Trono de la Gracia diariamente para obtenerla. Te lo repito: el tiempo ha llegado sobre la Tierra cuando nadie podrá sostenerse en la verdad sin venir al Trono de la Gracia cada día. Lo que estoy por decirte es que tú y los que están contigo no solo pueden vivir, sino resistir y prevalecer. Cuando mi pueblo resista y venza en el tiempo de gran oscuridad que viene, la creación sabrá que la luz es mayor que las tinieblas.

La vida y la muerte han sido plantadas en la Tierra, y la vida y la muerte están por ser segadas. Vine para darte vida. El maligno viene para darte muerte. En los tiempos por venir, ambas serán vistas en su plenitud. Por lo tanto, les daré a los que me obedecen una abundancia de vida cual nunca antes sobre la Tierra. Habrá una distinción entre mi pueblo y los que sirven al maligno.

Escoge la vida para que vivas. Escoge la vida al obedecerme. Si me eliges y la luz que brilla sobre ti es mi luz verdadera, entonces se hará más brillante cada día. De este modo sabrás que andas en mi luz. La semilla que es plantada en buena tierra siempre crece y se multiplica. Serás conocido por tu fruto.

VERDAD
Y VIDA

A MEDIDA QUE EL SEÑOR hablaba, su gloria parecía aumentar. Era tan fuerte por momentos que yo pensaba que iba a ser consumido por ella. Su gloria ardía, pero no era como un fuego; ardía desde adentro hacia afuera. De algún modo supe que o sería consumido por su gloria, o por la maldad que encontraría detrás de esa puerta. Sus palabras eran penetrantes y atrapantes, pero sabía que era aun más importante contemplar su gloria, así que estaba determinado a hacerlo por tanto tiempo como pudiera.

Él parecía más brillante que el sol. No podía distinguir todos sus rasgos a causa del resplandor, pero al seguir mirando, mis ojos se adaptaron un poco a ese brillo. Sus ojos eran como fuego, pero no eran rojos; eran azules, como la parte más caliente del fuego. Eran ardientes, pero poseían el atractivo de una maravilla sin fin.

Su cabello era blanco y destellaba con lo que primero pensé que eran estrellas y luego me di cuenta de que brillaba de aceite. Supe que era el aceite de la unidad, el cual había visto en una visión anteriormente. Este aceite irradia como piedras preciosas, pero es más hermoso y valioso que cualquier tesoro terrenal. Cuando miré su rostro, sentí que el aceite comenzó a cubrirme, y cuando lo hizo, el dolor del fuego de su gloria se hizo más tolerable. Parecía impartir paz y descanso, y solo venía sobre mí cuando miraba su rostro. Cuando miraba hacia otro lado, cesaba.

Me sentí impulsado a mirar sus pies. Ellos también eran como llamas de fuego, pero eran más de una llama color bronce o dorada. Eran hermosos, pero a la vez temibles, como si estuvieran a punto de dar el más terrible de los pasos. Mientras miraba sus pies, sentía como si hubiera un terremoto adentro de mí y supe que cuando Él caminara, todo lo que podía ser sacudido lo sería. Solo pude estar de pie por un momento, y luego tuve que postrarme sobre mi rostro.

Cuando levanté la vista, miraba la puerta. Ahora era aun menos atractiva que antes. Al mismo tiempo, sentí una desesperación por atravesarla antes de que ya no quisiera hacerlo. Era mi llamado pasar por esa puerta, y no hacerlo sería no obedecer. En su presencia, hasta el *pensamiento* de desobediencia parecía ser un egoísmo más repulsivo que el pensamiento de regresar a la batalla en el reino terrenal.

Cuando miré la puerta, oí otra voz que comenzó a hablar, la cual no reconocí. Me di vuelta para ver al que hablaba. Él era una de las personas naturalmente más atractivas, regias y fuertes de las que había visto hasta ahora.

—Soy Abel —dijo—. "La autoridad que el Señor le está por dar a su pueblo es la unción para la verdadera unidad. Cuando éramos nada más que dos hermanos sobre la Tierra, no pudimos vivir en paz uno con el otro. Desde mi tiempo hasta el tuyo, la humanidad ha caminado en un camino de crecientes tinieblas. El homicidio será soltado sobre la Tierra como nunca antes. Incluso sus guerras mundiales son solo dolores de parto que anticipan lo que ha de venir. Pero recuerda esto: el amor es más fuerte que la muerte. El amor que el Padre está por entregarles a los que le sirven superará a la muerte.

—Por favor, dime todo lo que te dieron para decirme —supliqué, sabiendo que él tenía mucho para decir.

—Mi sangre todavía habla. La sangre de todos los mártires todavía habla. Tu mensaje vivirá en ti si confías en la vida que tienes en Dios más de lo que confías en la vida que tienes en la Tierra. No temas a la muerte y la vencerás. Los que no le teman a la muerte son los que tendrán el mayor mensaje durante los tiempos que estás por vivir, cuando la muerte sea soltada sobre la Tierra.

Pensé en todas las guerras, hambrunas y plagas que habían venido sobre la Tierra tan solo en mi siglo.

—¿Cuánta más muerte será soltada? —inquirí.

Abel prosiguió sin responderme, lo cual entendí que era la respuesta.

—El sacrificio de sangre ya ha sido hecho por ti. Confía en el poder de la cruz, porque es mayor que la vida. Cuando confías en la cruz, no puedes morir. Los que están en la Tierra tienen el poder de quitarte tu vida terrenal por un tiempo, pero no pueden tomar tu vida si has abrazado la cruz.

Una gran unidad vendrá sobre el pueblo del Señor que habita sobre la Tierra. Esto tendrá lugar cuando su juicio venga sobre ella. Los que están en unidad no solo sobrevivirán a sus juicios, sino que además prosperarán a causa de ellos. Por esto, Él usará a su pueblo para advertir a la Tierra. Luego de las advertencias, entonces Él usará a su pueblo como una señal. Por la discordia y el conflicto que hay en las tinieblas, la unidad de su pueblo será una señal que el mundo entero verá. Sus discípulos serán conocidos por su amor, y el amor no conoce temor. Solo el verdadero amor puede engendrar verdadera unidad. Los que aman nunca caerán. El verdadero amor no se enfría, sino que aumenta.

EL AMOR LIBERA VIDA

Otro hombre que lucía exactamente como Abel vino y se puso de pie junto a él.

—Yo soy Adán —dijo—. Se me ha dado autoridad sobre la Tierra, pero se la entregué al maligno al obedecer la maldad. Él ahora gobierna en mi lugar y en el de ustedes. La Tierra le fue dada al hombre, pero el maligno la ha tomado. La autoridad que yo perdí fue devuelta por la cruz. Jesucristo es el "postrer Adán", y Él pronto tomará su autoridad y gobernará. Él lo hará a través de la humanidad porque a ella le entregó la Tierra. Los que viven en tus tiempos prepararán la Tierra para que Él reine.

—Por favor, dime más —le pedí, un poco sorprendido de ver a Adán, pero queriendo oír todo lo que él tuviera para decir—. ¿Cómo nos preparamos para Él?

—Amor —dijo—. Deben amarse uno al otro. Deben amar la Tierra y amar la vida. Mi pecado soltó la muerte que ahora fluye como ríos sobre la Tierra. Su amor soltará ríos de vida. Cuando la maldad reina, la muerte es más fuerte que la vida, y la muerte prevalece sobre esta. Cuando la justicia reina, la vida prevalece, y la vida es más fuerte que la muerte. Pronto la vida del Hijo de Dios se tragará a la muerte que fue soltada por mi desobediencia. No es tan solo el vivir lo que debes amar, sino la *vida* misma. La muerte es tu enemigo. Tú estás llamado a ser un mensajero de vida.

Cuando el pueblo de Dios comience a amar, Él los usará para soltar sus juicios. Sus juicios tienen que ser deseados. El mundo entero gime teniendo dolores de parto en espera de sus juicios, y cuando ellos lleguen, el mundo aprenderá lo que es la justicia. Lo que Él está por hacer, lo hará a través de su pueblo, y ellos serán como Elías en los últimos días. Sus palabras cerrarán los cielos o traerán lluvia; ellos profetizarán terremotos y hambrunas que sucederán; ellos detendrán el hambre y los terremotos.

Cuando suelten ejércitos en los cielos, los ejércitos marcharán sobre la Tierra. Cuando retraigan ejércitos, habrá paz. Ellos decidirán dónde Él mostrará misericordia y dónde mostrará su ira. Tendrán esta autoridad porque amarán, y los que aman son uno con Él. Lo que verás detrás de esa puerta es para ayudar a prepararte para lo que Él va a hacer a través de su pueblo.

Yo conozco la autoridad. También conozco la responsabilidad de la autoridad. Por la gran autoridad que me ha sido conferida, soy responsable por lo que le ha sucedido a la Tierra. Con todo, la gracia de Dios empezó a cubrirme, y la gran redención de Dios pronto absorberá mi error. La paz será quitada de la Tierra, pero estás llamado a ayudar a restaurarla. La paz reina en el cielo, y estás llamado a llevar el cielo a la Tierra. Los que habitan en su presencia conocerán la paz y la extenderán.

La Tierra misma se sacudirá y temblará. Tiempos de tribulación cual nunca antes comenzarán a moverse sobre ella como grandes olas del mar. Aun así, los que lo conocen a Él no serán agitados. Se pararán delante de las olas embravecidas y dirán: "Silencio, cálmate", y los mares se calmarán. Aun el menor de sus pequeños será como una gran fortaleza de paz que se levantará contra todo lo que venga. Su gloria será primero revelada a su pueblo y luego a través de él. Hasta la creación lo reconocerá en su pueblo y los obedecerán como lo obedecen a Él.

Esta es la autoridad que yo tuve, y le será devuelta a la humanidad. Yo usé mi autoridad para convertir el paraíso en un desierto. El Señor usará su autoridad para mudar el desierto en paraíso otra vez. Esta es la autoridad que Él le da a su pueblo. Yo usé la mía de manera equivocada, y la muerte vino. Cuando su autoridad sea ejercida en justicia, desatará vida. Pero tengan cuidado de cómo usan su autoridad. Ustedes también pueden usarla incorrectamente, pero no lo harán si aman. Todo el cielo sabe que 'el amor jamás se extingue'.

—¿Qué hay acerca de los terremotos, hambres e incluso guerras que me has dicho que serán desatados sobre la Tierra? ¿No sería eso soltar más muerte? —pregunté.

—Toda la muerte que viene sobre el mundo es permitida para preparar el camino para la vida. Todo lo que se ha sembrado debe ser cosechado, a menos que los que hayan sembrado la maldad clamen a la cruz en Espíritu y verdad. El ejército de la cruz está por ser soltado, y marchará en el poder de la cruz y llevará el ofrecimiento de la gracia para todos. Los que rechacen la misericordia de Dios habrán rechazado la vida.

—Eso supone una gran responsabilidad —dije—. ¿Cómo sabremos cuando hayan rechazado su misericordia?

—La desobediencia acarreó muerte, y la obediencia traerá vida. Cuando caminé con Dios, Él me enseñó sus caminos. Al caminar con Él, comencé a conocerlo. Debes caminar con Dios y aprender sus caminos. Tu autoridad es su autoridad, y debes ser uno con Él para poder usarla. Las armas de su milicia no son carnales: son espirituales y mucho más poderosas que cualquier arma terrenal. Tus armas más poderosas son la verdad y el amor. Aun el juicio final de destrucción es el amor de Dios extendido en misericordia.

Cuando la verdad hablada en amor es rechazada, es porque se ha preferido la muerte antes que la vida. Entenderás esto a medida que camines con Él. Llegarás a entender al Espíritu que te ha sido dado para traer vida y no muerte. Hay un tiempo en que el hombre segará lo que ha sembrado, pero tú debes hacer todo en obediencia. Jesús vino para dar *vida*. Él no desea que ninguno perezca, y ese debe ser también tu deseo. Por esta razón, debes amar incluso a tus enemigos si has de recibir la autoridad que Él quiere confiarle a su pueblo.

El tiempo del cumplimiento de lo que ha sido escrito está a las puertas. Su pueblo ha orado pidiendo más tiempo, y Él se los ha concedido. Sin embargo, pocos lo han usado sabiamente. Tienes un poco más de tiempo, pero pronto llegará el momento en que no podrá ser dilatado más. Se acerca el tiempo en que parecerá que todo se acelera. Tal como está escrito, Él viene pronto. No obstante, no debes temer a los tiempos. Si le temes a Él, no tendrás que temer a nada de lo que viene sobre la Tierra.

Todo lo que está por ocurrir viene para que su sabiduría pueda prevalecer nuevamente sobre la Tierra así como en el cielo. Toda la maldad que fue sembrada en la humanidad está por ser cosechada. Del mismo modo, el bien que Él ha sembrado también será cosechado. La bondad es más fuerte que la maldad. El amor es más fuerte que la muerte. Él caminó en esta Tierra para destruir las obras del diablo, y Él acabará lo que ha empezado.

PODER Y AMOR

Cuando Adán hablaba, fui capturado por su gracia y dignidad. Comencé a preguntarme si posiblemente él hubiera vivido toda su vida posterior a la caída sin pecar de nuevo, porque parecía ser tan puro. Según mis pensamientos, él cambió de tema sutilmente como para responderlos.

—Viví mucho tiempo sobre la Tierra porque el pecado no estaba fuertemente arraigado en mí. Aunque había pecado, fui creado para caminar con Dios y todavía lo deseaba a Él. No conocí las profundidades del pecado que las generaciones posteriores conocieron. A medida que el pecado crecía, la vida se acortaba, pero en cada generación, los que caminan con Dios tocan la vida que es en Dios. Porque Moisés caminó tan íntimamente con Dios, él hubiera seguido viviendo si el Señor no se lo hubiera llevado. Enoc caminó con Él tan de cerca que el Señor tuvo que llevarlo también. Esa es la razón por la que Jesús dijo: "*Yo soy la resurrección y la vida. El que cree en mí vivirá, aunque muera*".

Lo que ves en mí no es simplemente la ausencia de pecado, sino la presencia de la vida que tuve en la Tierra. Lo que fuimos en la Tierra seguirá siendo una parte de lo que somos para siempre. Puedo ver a todos los demás aquí que son parte de la gran nube de testigos y puedo saber mucho acerca de su vida en la Tierra.

—Entonces tú eres parte de la gran nube de testigos.

—Así es. Mi historia es parte del evangelio eterno. Mi esposa y yo fuimos los primeros en probar el pecado y los primeros en ver a nuestros hijos recoger las consecuencias de la desobediencia. Hemos contemplado cómo la muerte se esparcía por cada generación, pero también hemos contemplado la cruz y visto la victoria sobre el pecado.

Satanás se ha jactado desde la cruz que Jesús podía *redimir* al hombre, pero no podía *cambiarlo*. Durante los tiempos de gran oscuridad y maldad que están por venir, su pueblo se levantará como un testimonio para todas las edades de que Él no solamente puede redimir a su pueblo del pecado, sino también remover este último de sus corazones. A través de ellos, Él quitará el pecado de toda la Tierra. Ahora le mostrará a toda la creación el poder de su nueva creación. Él no vino solo para perdonar el pecado, sino para salvar a la humanidad de él, y regresa por un pueblo sin mancha del mundo. Esto sucederá en los tiempos más difíciles.

Yo fui creado para amar al Señor y amar la Tierra, al igual que lo fueron todas las personas. He detestado la sola vista de las cloacas que se vuelcan en los ríos. Aun más he detestado la vista de lo que le ha ocurrido a la mente humana. Las filosofías de la mente humana que ahora llenan la corriente del pensamiento son tan repulsivas como los desechos cloacales que se vierten en los ríos. Pero los ríos del pensamiento humano un día serán puros nuevamente, así como los ríos de la Tierra. Por todo esto, en el tiempo que vendrá quedará, demostrado que el bien es más fuerte que el mal.

El Señor no fue a la cruz tan solo para redimir, sino también para restaurar. Caminó sobre la Tierra como un hombre para mostrarle a la humanidad cómo vivir. Ahora se revelará a sí mismo a través de sus escogidos, para mostrarles lo que fueron creados para ser. Esta demostración no vendrá a través de poder solamente, sino a través del amor. Él te dará poder porque es todopoderoso, y el poder también es una revelación de Él. Aun así, Él usa su poder por causa de su amor, y tú también debes hacerlo así. Incluso sus juicios vienen por causa de su amor. Cuando tú los sueltes, debe ser por amor. También su juicio final sobre la Tierra será su misericordia.

Miré a Adán, Abel, Lot y Jonás de pie ante mí. Supe que me tomaría toda la vida comprender las profundidades de la revelación del grandioso evangelio de Dios que cada uno de ellos representaba. La desobediencia de Adán le dio lugar a la obediencia de Abel, cuya sangre todavía habla como presagio de salvación. El justo Lot no pudo salvar una ciudad, mientras que un Jonás injusto sí pudo. Al igual que con los cuatro evangelios, parecía que el entendimiento de lo que podía ser aprendido a través de ellos era infinito. Esto también era mi llamado.

LA
PUERTA

Traté DESESPERADAMENTE de absorber cada palabra que estos hombres me habían hablado. Nunca Sabiduría me había dicho tanto de golpe, pero aun así sentía que cada oración era crucial y no quería olvidarme de nada. Pensé qué bueno sería tener cada una de sus palabras talladas en piedra, como Moisés, y llevar las palabras del Señor a su pueblo en un modo tal que pudieran ser preservadas sin corrupción. Nuevamente, conociendo mis pensamientos, Sabiduría los respondió.

"Esa es la diferencia entre el Antiguo Pacto y el Nuevo. Escribirás mis palabras en un libro, y ellas inspirarán a mi pueblo. Con todo, el verdadero poder de mis palabras solo puede ser visto cuando ellas están escritas en los corazones de mi pueblo. Las epístolas vivientes son más poderosas que las letras escritas sobre papel o piedra. Ya que no redactas Las Escrituras, las palabras que tú escribas contendrán algo de ti. Pero aun así, tus libros

serán como Yo deseo que sean porque te he preparado para esta tarea. No serán perfectos, ya que la perfección no llegará a la Tierra hasta que Yo vaya. Para lograr la perfección, los hombres tendrían que mirarme a mí. Aun así, mi pueblo es el libro que estoy escribiendo, y los sabios pueden verme en mi pueblo y en sus obras.

Mi Padre me envió al mundo porque Él ama el mundo, y Yo envío mi pueblo al mundo porque amo el mundo. Podría haberlo juzgado luego de resucitar, pero se le ha permitido al mundo seguir su curso para que mis justos puedan ser probados, y el poder de lo que hice en la cruz sea visto en la humanidad. Hice esto por amor. Tú eres un testigo de mi amor. Este es mi mandamiento para ti: ámame y ama a tu prójimo. Solo así tu testimonio será verdadero. Aun cuando te ordeno que hables de mis juicios, debe ser en amor.

La vida de cada persona está en mi libro, y sus vidas son un libro que será leído por toda la creación durante la eternidad. La historia del mundo es la biblioteca de la sabiduría de Dios. Mi redención es la demostración de nuestro amor, y la cruz es el mayor amor que la creación haya conocido jamás. Hasta los ángeles que están delante de mi Padre aman tanto la historia de la redención, que ellos también desean habitar con los hombres. Se maravillaron cuando creamos al hombre a nuestra imagen. Se maravillaron cuando el hombre escogió la maldad, aun en medio del Paraíso que le habíamos preparado. Ahora bien, gracias a la redención, la imagen distorsionada de Dios es restaurada y revelada en una forma mucho más gloriosa a la humanidad. La gloria todavía está en vasos terrenales, lo que la hace más fácil de ver para aquellos que tienen ojos para ver.

Esta es la nueva creación que es mayor que la primera. Mediante mi nueva creación, estamos haciendo un nuevo Paraíso que es mayor que el primer Paraíso. Cada hombre, mujer y niño que acepta mi redención es un libro que estoy escribiendo, el cual será leído para siempre. Mediante la nueva creación, también restauraremos la creación antigua, y ella será un paraíso de nuevo. Restauraré todas las cosas, y todo el mal será vencido por el bien.

Mi Iglesia es el libro que estoy escribiendo, y el mundo entero está a punto de leerlo. Hasta ahora, el mundo ha deseado leer el libro que el maligno ha escrito sobre mi Iglesia, pero pronto lanzaré mi libro.

Estoy por soltar a mis apóstoles de los últimos tiempos. Tendré muchos como Pablo, Juan, Pedro y los demás. Para prepararlos, envío a muchos como Juan el Bautista, que les enseñarán la devoción hacia mí y echarán los cimientos del arrepentimiento en sus vidas. Estos apóstoles también serán como Juan el Bautista. Así como el mayor gozo en la vida de Juan era escuchar la voz del Novio, ellos tendrán una sola devoción: ver a mi Novia prepararse para mí. Por esto, los usaré para construir caminos en la selva y ríos en el desierto. Ellos allanarán los lugares altos y levantarán los lugares bajos. Cuando atravieses esa puerta, los conocerás.

Estoy por soltar a mis profetas de los últimos tiempos. Ellos me amarán y caminarán conmigo, tal como lo hizo Enoc. Demostrarán mi poder y le probarán al mundo que Yo soy el único Dios verdadero. Cada uno será un pozo de agua pura del cual fluirán aguas vivas. Por momentos, su agua será cálida para limpieza; por momentos, será fría para refresco. También les daré rayos en una mano y *truenos en la otra. Se remontarán como águilas sobre la Tierra, pero descenderán sobre mi pueblo como palomas, porque ellos honrarán a mi familia. Vendrán sobre las ciudades como torbellinos y terremotos, pero darán luz a los mansos y humildes. Cuando atravieses esa puerta, los conocerás también.*

Estoy por soltar a mis evangelistas de los últimos tiempos. Les daré una copa de gozo que nunca se agotará. Sanarán a los enfermos y echarán fuera demonios; me amarán a mí y amarán la justicia; llevarán sus cruces cada día, no vivirán para sí mismos, sino para mí. A través de ellos, el mundo sabrá que Yo vivo y que Yo les he dado todo poder y autoridad. Estos son los intrépidos que atacarán las puertas del enemigo e incursionarán en los lugares más oscuros de la Tierra, guiarán a muchos a la salvación. Estos están también detrás de esa puerta, y los conocerás.

Estoy por soltar a mis pastores de los últimos tiempos, que tendrán un corazón por mis ovejas. Ellos alimentarán a mis ovejas porque me aman. Cuidarán a mis pequeñas como si fueran suyas y darán sus vidas por ellas. Este es el amor que tocará los corazones de los hombres, cuando mi pueblo dé su vida uno por otro. Entonces el mundo me conocerá. Les he dado comida variada para servirle a mi casa. Estos son los fieles a los que les confío el cuidado de mi propia casa. Ellos también están detrás de esa puerta, y los conocerás.

Estoy por soltar a mis maestros de los últimos tiempos sobre la Tierra. Ellos me conocerán y le enseñarán a mi pueblo a conocerme. Amarán la verdad. No retrocederán ante la oscuridad, sino que la expondrán y la ahuyentarán. Ellos destaparán los pozos que sus padres cavaron y servirán las aguas puras de vida. Asimismo traerán los tesoros de Egipto y los usarán para edificar mi habitación. También los encontrarás a ellos detrás de esa puerta.”

Cuando el Señor habló, miré la puerta. Ahora, por primera vez, quería pasar por ella. Cada palabra que Él habló trajo una creciente expectativa a mi corazón, y quería desesperadamente conocer a estos ministros de los tiempos finales.

“Has sabido por muchos años que ellos venían. Te he traído aquí para mostrarte cómo reconocerlos y ayudarlos en su misión.”

Entonces, atravesé la puerta.

LA
PRISIÓN

REPENTINAMENTE, estaba de pie ante el patio de una gran prisión. Había muros tan enormes como los que nunca había visto antes. Se prolongaban mucho más allá de lo que alcanzaba a divisar, tenían cientos de metros de altura y eran bien gruesos. Había otras vallas y alambrados por delante del muro. Cada pocos metros, había torres de vigilancia a lo largo de la parte alta del muro. Pude ver guardias en cada una, pero estaban tan lejanos que no pude distinguir mucho acerca de ellos.

Todo era gris, oscuro y monótono, lo que parecía reflejar perfectamente la masa de gente que estaba en ese lugar. Por toda la prisión, la gente estaba sentada en grupos de su propia especie. Los hombres negros mayores estaban en un grupo, los jóvenes negros en otro. Los blancos, jóvenes y viejos, también estaban aparte, y las mujeres a su vez se encontraban separadas. Con cada raza, parecía ser igual. Aquellos que poseían una característica distintiva estaban separados, excepto los niños pequeños.

Entre los grupos, muchos parecían estar apiñados. Al observar bien, me di cuenta de que ellos trataban de encontrar su propia identidad, uniéndose al grupo al que más se asemejaban. Sin embargo, era evidente que esos grupos no dejaban que nadie se incorporara fácilmente.

Al mirar más de cerca a esta gente, pude ver que todos ellos tenían heridas profundas y varias cicatrices de lastimaduras anteriores. Excepto por los niños, todos parecían estar casi ciegos y solo podían ver lo suficiente como para permanecer en su grupo. Incluso dentro de los grupos, intentaban constantemente ver las diferencias que otros podrían llegar a tener. Cuando hallaban siquiera una pequeña diferencia, atacaban al que la poseía. Todos parecían hambrientos, sedientos y enfermizos.

Me acerqué a un hombre mayor y le pregunté por qué estaban todos en esa prisión. Él me miró asombrado, y declaró enfáticamente que ellos no estaban presos y preguntó por qué yo hacía una pregunta tan tonta. Le señalé los vallados y los guardias, y me respondió: "¿Qué vallados? ¿Qué guardias?". Me miró como si yo lo hubiera insultado terriblemente, y supe que si le preguntaba algo más, sería atacado.

Le hice la misma pregunta a una joven y recibí la misma respuesta. Entonces me di cuenta de que estaban tan ciegos que no podían siquiera ver las vallas o los guardias. Estas personas evidentemente no sabían que estaban en una cárcel.

EL GUARDIA

Decidí entonces preguntarle a un guardia por qué ellos estaban en la prisión. Al acercarme hacia las vallas, pude ver huecos en ellas, los cuales harían fácil escalarlas. Cuando alcancé el muro, vi que estaba construido tan irregularmente que sería sencillo de trepar. Cualquiera podría escapar con facilidad, pero ninguno trataba de hacerlo porque no sabían que estaban cautivos.

Cuando alcancé la parte alta de la muralla, pude ver a una gran distancia y apreciar el sol que brillaba más allá de los muros. No resplandecía en el presidio a causa de la altura de las paredes y por las nubes que estaban sobre ellos. Vi fuegos a lo lejos, dentro de la cárcel, en el sector donde los niños jugaban. El humo de esos fuegos formaba una nube espesa sobre la prisión que tornaba lo que podría haber sido la sombra de los muros en una neblina asfixiante y sombría. Me pregunté qué sería lo que estaba ardiendo.

Caminé por la parte alta del muro hasta que llegué al puesto del guardia. Me sorprendí de hallar al guardia vestido con ropas finas y con un cuello que indicaba que él era una especie de ministro o sacerdote. Él, por su parte, no se sorprendió de verme, y creo que supuso que yo era otro guardia.

—Señor, ¿por qué están estos en prisión? —pregunté.

Esa pregunta sí lo descolocó, y noté que el temor y la sospecha vinieron sobre él como un manto.

—¿Qué prisión? —replicó—. "¿De qué me habla?

—Me refiero a estas personas en esta cárcel —dije, sintiendo una extraña valentía—. Usted es obviamente un guardiacárcel porque está en una casilla de vigilancia, pero ¿por qué está vestido de ese modo —continué.

—¡Yo no soy un guardia! Soy un ministro del evangelio. No soy su guardián, sino su líder espiritual. Esto no es una torre de vigilancia, ¡es la casa del Señor! Hijo, si tú piensas que estas preguntas son divertidas, verás que no me río. Él agarró su pistola y pareció prepararse para dispararme.

—Por favor, discúlpeme por molestarlo —repliqué, al percibir que estaba decidido a usar su arma.

A medida que me alejaba, esperaba oír los disparos en cualquier momento. Este hombre era tan inseguro que yo sabía que podría llegar a disparar sin pensar si tan solo se sentía amenazado. Podría asegurar que era sincero. Realmente, él no sabía que era un guardia.

LA MAESTRA

Caminé a lo largo del muro hasta que sentí que estaba a una distancia prudencial y me volteé para mirar nuevamente al ministro. Él caminaba para adelante y para atrás en su casilla de vigilancia, muy agitado. Me preguntaba por qué causa mis preguntas lo habían perturbado tanto. Era obvio que ellas no habían logrado abrir su mente como para ver las cosas de un modo distinto, sino en cambio, lo habían hecho sentir más inseguro y mortal.

A medida que caminaba, sentía una desesperación de averiguar lo que sucedía y pensé de qué modo podía reformular mis preguntas para no ofender al próximo guardia con el que tratara de conversar. Al acercarme a la siguiente casilla de vigilancia, nuevamente fui sorprendido por la apariencia del guardia. No era otro ministro, sino una mujer joven de aproximadamente veinticinco años de edad.

—Señorita, ¿puedo preguntarle algo? —inquirí.

—Seguro. ¿En qué puedo ayudarlo? —dijo con un aire condescendiente—. ¿Es usted el padre de alguno de estos niños?

—No —le respondí—. Soy escritor —lo cual instintivamente supe que era la contestación que debía darle. Tal como lo esperaba, esto llamó su atención.

Sin querer cometer el mismo error que había cometido con el ministro al decirle que él estaba en una "casilla de vigilancia", le pregunté a la joven por qué estaba "en ese lugar". Su respuesta fue inmediata, y ella pareció sorprenderse de que yo no supiera la razón.

—Soy una maestra de escuela, ¿entonces no cree que es algo natural que yo esté en mi escuela?

—Así que esta es su *escuela* —repliqué, señalando la casilla de vigilancia.

—Sí. He estado aquí por tres años. Podría estar aquí por el resto de mi vida. Me encanta lo que hago —Esta última observación fue tan mecánica que supe que descubriría algo si tan solo la presionaba un poco.

—¿Y qué enseña? Debe ser algo interesante como para considerar pasar el resto de su vida haciéndolo.

—Enseño ciencias y estudios sociales. Mi trabajo es formar la filosofía y la cosmovisión de estas mentes jóvenes. Lo que yo les enseño los conducirán por el resto de sus vidas. ¿Y usted qué escribe? —averiguó.

—Libros —contesté—, escribo libros de liderazgo —me anticipé a su próxima pregunta. También intuí que si le decía "libros *cristianos* de liderazgo", nuestra conversación habría finalizado.

—El liderazgo es una materia importante —declaró, aún con un aire condescendiente—. Los cambios ocurren tan rápido que debemos tener las herramientas adecuadas de liderazgo para conducir esos cambios hacia la dirección correcta.

—¿Y qué dirección es esa? —le pregunté.

—Hacia la prosperidad que viene solamente de la paz y la seguridad —replicó, como si estuviera sorprendida de que yo hubiera preguntado eso.

—No es mi intención ofenderla —interrumpí—, pero estoy interesado en su opinión acerca de esto. ¿Cuál siente usted que es la mejor forma de lograr esta paz y seguridad?

—A través de la educación, por supuesto. Estamos juntos en esta astronave llamada Tierra y debemos llevarnos bien. Mediante la educación, ayudamos a librar las masas de su mentalidad cavernícola y tribal, para entender que todos somos iguales y que, si hacemos nuestra parte para la sociedad, todos prosperaremos juntos.

—Eso es interesante —respondí—, pero no somos todos iguales. También es interesante que toda esa gente allí se divida y separa más que nunca antes. ¿Usted cree que posiblemente será tiempo de modificar un poco su filosofía?

Ella me miró con una mezcla de asombro y perturbación, pero evidentemente no porque hubiera considerado siquiera por un momento que lo que yo decía fuera cierto.

—Señor, ¿usted está completamente ciego? —respondió.

—No, creo que veo bastante bien —contesté—. Acabo de venir de caminar entre medio de la gente y nunca vi una división y animosidad tales entre los diferentes grupos de personas. Me pareciera que el conflicto entre ellos está peor que nunca.

Podría asegurar que mis palabras eran como cachetadas en la cara de esta joven. Era como si sencillamente no pudiera creer que alguien dijera tales cosas, mucho menos creer que existiera la posibilidad de que hubiera algo de cierto en ellas. Mientras la observaba, podría jurar que ella estaba tan ciega que difícilmente podía verme. Se encontraba en una torre tan alta que no había forma de que pudiera ver a la gente allí abajo. No solo que realmente ignoraba lo que estaba sucediendo, sino que en serio pensaba que podía ver todo.

—Estamos cambiando el mundo —expresó con un tono obvio de desprecio—. Cambiamos a la gente. Si todavía hay gente que actúa como bestias, así como usted describió, los cambiaremos también. Nosotros prevaleceremos. La humanidad prevalecerá.

—Esa es una responsabilidad bastante grande para alguien tan joven —recalqué.

—Ella se puso más tensa ante esa declaración, pero antes de que pudiera responder, dos mujeres aparecieron caminando por el muro hacia la puerta de la casilla de vigilancia. Una era una mujer negra que parecía estar alrededor de los cincuenta años, y la otra era una mujer

blanca muy bien vestida que probablemente tenía trein-
ta. Hablaban entre ellas mientras caminaban, y ambas
tenían aspecto de seguras y solemnes. Podría asegurar
que ellas veían, lo cual era obvio porque llegaron a la
parte alta del muro.

Para mi asombro, la joven maestra empuñó su
arma y salió fuera de la casilla de vigilancia para sa-
lirles al encuentro, evidentemente no deseaba que estas mujeres se acercaran más de la cuenta. Las saludó
con una alegría muy superficial y con un visible aire
de superioridad que pareció causarles impresión. Me
sorprendió ver que las dos mujeres se volvieron tími-
das y por demás respetuosas de otra que era bastante
más joven que ellas.

—Hemos venido a preguntar algo que a nuestros niños se les enseña y que nosotras no entendemos —dijo
la mujer de color, armándose de coraje.

—Ah, estoy segura de que habrá muchas cosas que
se enseñan ahora y que ustedes no entienden —la maestra replicó con aires de superioridad.

Las mujeres miraron la pistola de la maestra, la cual
ella sostenía de un modo tal para que las otras estén
concientes de su existencia. Yo estaba cerca de ellas, sorprendido por toda la escena. La maestra se volvió y me
miró nerviosamente. Sospecho que temía que yo les di-
jese algo a las mujeres. Al manipular el arma así, exigía
que me fuera. Las mujeres levantaron su vista para ver
con quién hablaba, y comprendí entonces que ellas no
podían verme. Su temor las había cegado.

Llamé a las dos mujeres, alentándolas a tener coraje
y creer lo que sentían en su corazón. Ellas miraron en

mi dirección como si solo oyeran ruidos. También estaban perdiendo su capacidad auditiva. Al verlo, la joven maestra se sonrió. Entonces apuntó su pistola hacia mí e hizo sonar un silbato. Sentí como si ella me considerara la persona más peligrosa sobre la Tierra.

Supe que no debía esperar a quienquiera que ella hubiera llamado con su silbato. También me di cuenta de que si yo retrocedía un poquito, estaría seguro, ya que esta joven maestra era ciega. Y estaba en lo cierto. Me alejé ante sus gritos y el chillido de su silbato. Finalmente, ella se enfureció tanto que comenzó a dispararles a las dos mujeres.

De pie en la muralla, entre los dos puestos de vigilancia, pensaba en todo eso cuando sentí la presencia de Sabiduría.

"Debes regresar a la prisión. Yo estaré contigo. Sabes que tienes la visión necesaria para escapar de toda trampa o arma. Solo recuerda que el temor puede cegarte. Mientras camines en la fe de que Yo estoy contigo, siempre verás por donde vas. También debes ser cuidadoso de solo revelar tu visión a aquellos a quienes Yo te guío. La visión es a lo que los guardias más le temen. Sé que quieres hacerme muchas preguntas, pero ellas serán mejor respondidas mediante las experiencias que tendrás allí."

EL JOVEN
APÓSTOL

DESCENDÍ DEL MURO y comencé a caminar por el patio de la prisión. Al pasar por al lado de los prisioneros, ellos parecían casi completamente desinteresados en mí o en toda la conmoción que había tenido lugar en el muro. Entonces recordé que ellos no podían ver tan lejos. Un joven de color se me cruzó en el camino y me miró con ojos chispeantes, inquisitivos.

—¿Quién eres tú? —dijimos juntos al mismo tiempo.

Como nos quedamos mirándonos uno al otro, él finalmente irrumpió:

—Mi nombre es Esteban. Yo puedo ver. ¿Qué más quieres saber de mí que ya no sepas?

—¿Cómo puedo saber todo acerca de ti? —inquirí.

—El que me ayudó a ver me dijo que un día otros que no serían prisioneros vendrían aquí. Ellos también podrían ver y nos dirían quiénes somos y cómo podemos escapar de esta prisión.

Comencé a discutir que no sabía quién era él, cuando de pronto recordé lo que Sabiduría me había dicho sobre aquellos que conocería cuando pasara por la siguiente puerta.

—Sí te conozco y sé algunas cosas acerca de ti —reconocí—, pero confieso que esta es la prisión más extraña que he visto jamás.

—¡Pero es la única! —protestó él.

—¿Cómo puedes saberlo si has pasado aquí toda tu vida? —le pregunté.

—El que me ayudó a ver me dijo que esta era la única prisión. Me dijo que cada alma que había sido aprisionada alguna vez, había sido traída cautiva aquí. Él siempre me dijo la verdad, por eso, lo creo.

—¿Quién es el que ha ayudado a ver? —le pregunté, no solo deseoso de saberlo, sino también interesado en cómo era eso de que esta prisión alojaba a cada alma cautiva.

—Nunca me dijo su nombre real, sino que simplemente se llamaba a sí mismo "Sabiduría".

—¡Sabiduría! ¿Cómo era Él? —cuestioné.

—Era un joven atleta negro. Él podía ver mejor que nadie y parecía saber todas las cosas de aquí. Es extraño, sin embargo. He conocido a otros que dijeron que también habían encontrado a Sabiduría, pero todos lo describían de manera diferente. Algunos dijeron que Él era blanco, y otros dijeron que era una mujer. A menos que haya muchos "Sabiduría", Él es un maestro del disfraz.

—¿Puedes llevarme a Él? —le pregunté.

—Lo haría, pero no le he visto desde hace un largo tiempo. Me temo que se haya ido o tal vez haya muerto. He estado muy desanimado desde que partió. Mi visión incluso ha comenzado a empeorar hasta que te vi a ti. Tan pronto como te vi, supe que todo lo que Él me había dicho era cierto. Él dijo que tú lo conocías también, ¿entonces por qué estás preguntándome tanto sobre Él?"

—¡De veras lo conozco! Y anímate, tu Amigo no está muerto. Te diré su verdadero nombre también, pero primero debo hacerte algunas pregunta.

—Sé que puedo confiar en ti, y además sé que tú y otros como tú que están viniendo querrán conocer a todo aquel que pueda ver. Puedo presentarte a algunos de ellos. También sé que tú y los otros como tú vienen para ayudar a muchos otros prisioneros a ver. No obstante, estoy sorprendido por algo.

—¿Qué es?

—Tú eres blanco. Nunca pensé que los que vendrían a ayudarnos a ver y a liberarnos serían blancos.

—Estoy seguro de que muchos de los que vienen no son blancos —respondí—. Puedo asegurar que tienes un grado de visión considerable, así que podrás entender lo que voy a decirte.

EL VALOR DE LA VISIÓN

Al mirar a Esteban para asegurarme de que él escuchaba, fui conmovido por la apertura y la docilidad a la enseñanza que él poseía, a comparación de la maestra que tenía aproximadamente su misma edad. *Este hombre será un verdadero maestro,* pensé mientras continuaba.

—Cuando lleguemos al lugar de la visión perfecta, no juzgaremos a la gente por el color de su piel, su sexo o su edad. No juzgaremos a los demás por sus apariencias, sino por su espíritu.

—Eso suena como lo que nuestros maestros solían decirnos —respondió Esteban, un poco sorprendido.

—No obstante, hay una diferencia —proseguí—. Ellos trataron de hacerte pensar que todos éramos iguales, pero fuimos creados diferentes por una razón. La verdadera paz solo vendrá cuando respetemos las diferencias que tenemos. Cuando realmente sepamos quiénes somos, nunca nos sentiremos amenazados por aquellos que son distintos. Cuando somos libres, somos libres para demostrarles respeto y honra a aquellos que son diferentes a nosotros, siempre buscando aprender mutuamente, así como tú haces conmigo.

—Comprendo —replicó Esteban—. Espero que no te haya ofendido al decir que estaba asombrado de que tú fueras blanco.

—No, no me ofendí. Yo entiendo. Estoy contento de que pudieras reconocerme a pesar del color de mi piel. Pero recuerda: cada vez que abrimos nuestros corazones para aprender de aquellos que son diferentes, nuestra visión se incrementará. Tu visión ya está más clara que cuando recién nos encontramos.

—Justamente pensaba en lo rápido que mi vista era restaurada —recalcó Esteban.

—Ahora sé por qué estoy aquí —Y agregué:

—Debes tener en mente que tu visión es tu posesión más valiosa. Cada día debes hacer aquello que ayuda a aumentar tu visión. Aléjate de las personas y de las cosas que te hacen perder la visión.

—Sí, como desanimarme.

—¡Exactamente! El desánimo es generalmente el principio de la pérdida de visión —dije—. Para lograr nuestros propósitos, debemos resistir el desánimo en todas sus formas. El desánimo ciega.

—Cuando comencé a ver, empecé a sentir que tenía un propósito, tal vez uno muy importante —continuó Esteban—. ¿Puedes ayudarme a saber cuál es mi propósito?

—Sí, creo que puedo. Conocer nuestro propósito es una de las formas en que más crece nuestra visión. Es además una de nuestras mayores defensas contra las cosas, tales como el desánimo, que destruye la visión. Creo que mi mayor propósito aquí es ayudarte a ti y a otros cuya visión está siendo restaurada, a descubrir su propósito. Pero antes debemos hablar de algo aun más importante.

TESOROS ENTERRADOS

Cuando Esteban habló, pude oír la voz de Sabiduría, entonces supe que este joven había sido enseñado por el Señor. También supe que no conocía el nombre del Señor y le sería difícil creer que el nombre de Sabiduría era Jesús. Supe que precisaría sabiduría solo para enseñarle el nombre de Sabiduría. Pensé en los apóstoles, profetas, evangelistas, pastores y maestros que Sabiduría dijo que conocería cuando atravesara la puerta. Nunca soñé encontrarlos en un lugar como este. Al mirar nuevamente a la gran masa de gente, sentí su presencia. Él estaba conmigo, y aun en la penumbra de esta terrible prisión, la emoción brotaba de adentro de mí. *Esto es para lo que debo haber sido preparado*, razoné.

—Esteban, ¿qué ves cuando miras a esta gran masa de gente? —le pregunté.

—Veo confusión, desesperanza, amargura, odio. Veo oscuridad —respondió.

—Eso es cierto, pero mira nuevamente con los ojos de tu corazón. Usa tu visión —le aconsejé.

Él miró por un largo tiempo y luego dijo con algo de duda:

—Ahora veo un gran campo con un tesoro enterrado en él. El tesoro está por todas partes y en casi todas las formas.

—Eso es verdad —le respondí—. "Eso es también una revelación de tu propósito. Tú eres un cazador de tesoros. Algunas de las mayores almas que vivieron jamás están atrapadas aquí, y tú ayudarás a encontrarlos y a liberarlos.

—Pero ¿cómo los encuentro y cómo ayudo a liberarlos cuando ni siquiera yo soy libre?

—Tú ya sabes cómo encontrarlos, pero es cierto que no podrás liberarlos hasta que tú mismo seas libre. Esa es tu próxima lección. También debes recordar que siempre conocerás tu propósito en una situación con solo mirar a través de los ojos de tu corazón. Lo que veas desde tu ser más interior siempre revelará tu propósito.

—¿Es así como supiste que yo voy a ser un cazador de tesoros?

—Sí. Pero debes ser libre antes de convertirte en lo que fuiste creado para ser. ¿Por qué no has escapado por esos huecos en el muro? — interrogué.

—Cuando primero comencé a ver, observé las vallas y el muro. También vi los agujeros en las vallas y he trepado por ellos. Cuando llegué al muro traté varias veces de escalarlo, pero el temor me invadía, porque tengo fobia a las alturas. Además, pensé que si subía al muro, me dispararían.

—Esos guardias no pueden ver tan bien como tú crees —repliqué—. Ellos son casi tan ciegos como la gente aquí lo es.

Esto pareció sorprender realmente a Esteban, pero podría decir que abrió sus ojos aun más.

—¿Puedes ver la parte alta del muro? —le pregunté.

—Sí, puedo verla desde aquí.

—Quiero que recuerdes esto —continué—. Hasta ahora he estado en muchos lugares. Llámalo diferentes mundos o reinos si quieres. Hay un principio importante que he hallado cierto en todo lugar, y debes recordarlo por el resto de tu vida.

—¿Qué es?—

—Siempre podrás ir tan lejos como puedas ver. Si puedes ver el tope del muro, podrás llegar allí. Cuando llegues a la cima de la muralla, serás capaz de ver más lejos de lo que has visto jamás. Debes proseguir andando lo más lejos que puedas ver. Nunca te detengas siempre y cuando puedas ver todavía más lejos.

—Comprendo —respondió inmediatamente—. Pero todavía tengo miedo de escalarlo. ¡Es tan alto! ¿Es seguro?

—Te mentiría si te dijera que es seguro, pero es mucho más peligroso *no escalarlo*. Si no usas tu visión para caminar en lo que ves, la perderás. Entonces perecerás aquí.

—¿Y cómo buscaré el tesoro que hay aquí si me voy?

—Esa es una buena pregunta, pero es algo que también impide que muchos cumplan su propósito. Solo puedo decirte ahora que tienes un gran camino que completar primero. Al final de tu peregrinaje, encontrarás una puerta que te llevará de regreso a esta prisión, así como yo la encontré. Cuando regreses, tu visión será tan grande que ellos nunca podrán atraparte aquí de nuevo. Tu visión será lo suficientemente grande como para ver el tesoro que yace aquí.

LA LUZ

ESTEBAN SE DIO vuelta y miró una vez más el muro.

—Todavía siento un gran temor —se lamentó. No sé si podré hacerlo.

—Tienes visión pero te falta fe. La visión y la fe deben ir juntas —dije—. Hay una razón por la que tu fe es débil.

—¡Por favor dime cuál es! ¿Hay algo que puede ayudar a aumentar mi fe a medida que se incrementa mi visión?

—Sí. La fe viene de saber quién es Sabiduría en realidad. Debes conocer su verdadero nombre. El solo hecho de saberlo te dará suficiente fe como para sacarte de este lugar y llevarte a la libertad. Cuanto mejor conozcas su nombre, mayores serán los obstáculos y barreras que podrás superar en tu camino. Un día conocerás su nombre lo suficiente como para poder mover cualquier montaña.

—¿Cuál es su nombre? —Esteban casi suplicó.

—Su nombre es Jesús.

Esteban miró al suelo y luego hacia el aire, mientras que la incredulidad parecía cubrirlo. Observé cómo su corazón luchaba con su mente. Finalmente, me miró de nuevo, y para mi alivio, todavía tenía una luz de esperanza en sus ojos. Supe que había ganado su corazón.

—Lo sospechaba —afirmó—. Por cierto, todo el tiempo que hablaste, de algún modo supe que ibas a decir precisamente eso. También sé que estás diciéndome la verdad. Pero tengo algunas preguntas, ¿puedo hacértelas?

—Por supuesto que sí.

—He conocido mucha gente que usa el nombre de Jesús, pero no son libres. De hecho, son algunas de las personas más esclavas que conozco aquí. ¿Por qué?

—Esa es una buena pregunta, y solo puedo decirte lo que yo he aprendido de mi propio peregrinaje. Pienso que cada caso es diferente, pero que hay muchos que conocen su nombre, pero no lo conocen *a Él*. En vez de acercarse a Él y ser cambiados viéndolo como Él es, tratan de reducirlo a su imagen. Conocer el nombre de Jesús es mucho más que simplemente saber cómo deletrearlo o cómo pronunciarlo. Es conocer quién es Él realmente. De allí viene la fe verdadera.

Todavía podía ver duda en los ojos de Esteban, pero era de la buena clase de dudas, la clase que quiere creer en vez de la que quiere descreer. Entonces continué.

—Hay otros que realmente aman a Jesús y comienzan a conocerlo sinceramente, pero siguen siendo prisioneros. Estos son los que dejan que las heridas o los errores que sufrieron durante el camino los hagan volver atrás. Ellos han gustado la libertad, pero han vuelto a la prisión por causa de las desilusiones o los fracasos. Puedes reconocerlos fácilmente porque siempre hablan del pasado en vez de hablar del futuro. Si todavía caminaran según su visión, no estarían siempre mirando hacia atrás.

—He conocido a muchos de ellos —aclaró Esteban.

—Debes entender algo si quieres encontrar la respuesta a esta pregunta. Si has de cumplir tu destino, no puedes dejarte desanimar o animar excesivamente a causa de otros que usan el nombre de Jesús. No somos llamados a depositar nuestra fe en las personas, sino en Él. Aun los seres más grandes nos desilusionarán por momentos porque todavía son humanos.

—Muchos que son como los que recién acabo de describir pueden convertirse en grandes personas. La fe y la visión pueden ser restauradas, incluso en aquellos que han llegado a ser los más desalentados y desilusionados. Como cazador de tesoros, ese es tu trabajo. No podemos desechar a ningún ser humano: todos son tesoros para Él. Sin embargo, para conocerlo realmente y caminar en verdadera fe, no debes juzgarlo a Él por su pueblo; ni por el mejor ni por el peor —le aconsejé.

—Siempre pensé de Jesús como "del hombre blanco de Dios". Nunca pareció hacer demasiado por nuestro pueblo.

"Él no es "el hombre blanco de Dios"; ¡ni siquiera era blanco! Pero tampoco es "el hombre negro de Dios". Él creó todo y es el Señor de todo. Cuando comienzas a verlo a Él como el Dios de algún grupo, lo has reducido a Él y habrás reducido grandemente tu propia visión.

FE Y OBEDIENCIA

Miré silenciosamente, mientras Esteban luchaba con muchas otras cosas en su corazón. Continué sintiendo la presencia de Sabiduría y supe que Él podía explicar las cosas mucho mejor que yo. Finalmente, Esteban me miró, con una luz que brillaba más fuerte que nunca en sus ojos.

—Sé que todas las preguntas con las que he luchado realmente no tienen nada que ver con lo que Jesús es, sino con lo que la gente ha dicho que es. Sé que lo que dices es cierto. Sé que fue Jesús el que me ha dado la visión y que Él es Sabiduría; debo averiguar por mí mismo quién es Él realmente; debo buscarlo; debo servirlo. También sé que Él te ha enviado aquí para ayudarme a prepararme. ¿Qué debo hacer?

—Sabiduría está aquí ahora —comencé a decir—. Lo escuchaste cuando yo te hablé, así como yo lo he oído a través de ti. Ya conoces su voz. Él es tu Maestro. Él te hablará a través de mucha gente diferente, algunas veces a través de gente que no lo conoce. Sé pronto para oír y obedecer lo que te dice. La fe y la obediencia son la misma cosa. No tienes verdadera fe si no obedeces, y si tienes verdadera fe, siempre obedecerás.

Dijiste que le servirías. Eso significa que ya no vivirás para ti mismo, sino para Él. En la presencia de Sabiduría, conoces la diferencia entre lo que es correcto y lo que no lo es. Cuando llegues a conocerlo, también entenderás lo que es la maldad. Debes renunciar a lo malo que has hecho en el pasado, así como también a cualquiera que venga a tentarte en el futuro.

No puedes vivir como los demás viven. Estás llamado a ser un soldado de la cruz. Cuando abrazaste su nombre y la verdad de quién es Él; cuando esa gran luz vino a tus ojos; cuando la paz y la satisfacción comenzaron a inundar tu alma hace tan solo unos momentos, naciste de nuevo y comenzaste una nueva vida. Sabiduría te ha hablado por algún tiempo, guiándote y enseñándote, pero ahora vive *dentro* de ti. Nunca más te dejará. Pero Él no es tu siervo, sino que tú eres el suyo.

—¡Siento su presencia! —exclamó Esteban—. ¡Pero cómo me encantaría verlo nuevamente!

—Puedes verlo con los ojos de tu corazón en cualquier momento. Ese también es tu llamado: verlo más claramente y seguirlo más de cerca. Para eso es tu peregrinaje. En él, aprenderás sobre su nombre y sobre el poder de la cruz. Cuando hayas sido entrenado, regresarás aquí en ese poder y podrás ayudar a muchos de estos cautivos a ser liberados.

—¿Todavía estarás aquí?

—No lo sé. Algunas veces tendré trabajo que hacer aquí y otras veces tendré trabajo, ayudando a otros en su viaje. Puedo llegar a encontrarte fuera de aquí, donde tú estés yendo. Yo también estoy todavía en mi peregrinaje. Esto es una parte de él. En tu viaje, habrá muchas puertas por las que tendrás que pasar. Nunca sabrás adonde te conducirán. Algunas pueden traerte nuevamente a este lugar. Algunas puertas pueden llevarte al desierto, por el cual todos tenemos que pasar.

Algunas conducen a experiencias celestiales gloriosas, y es tentador estar siempre buscándolas, pero no siempre son las que necesitamos para ayudarnos a cumplir nuestro destino. No elijas las puertas por su apariencia, sino siempre pídele a Sabiduría que te ayude a elegir.

Esteban volvió su vista al muro. Observé que apareció una sonrisa en su rostro.

—Puedo escalar ese muro ahora —dijo. Hasta espero ansiosamente ese desafío. Debo admitir que todavía siento el temor, pero eso ya no importa. Sé que puedo hacerlo y no quiero esperar más para ver lo que hay del otro lado. Sé que soy libre. ¡Ya no soy más un prisionero!

Caminé junto a Esteban hasta la primera valla. Él se sorprendió al descubrir que no solo había huecos en ella, sino que dondequiera que tocara, la valla se hundía en sus manos, haciendo otros agujeros más.

—¿De qué están hechas estas vallas? —preguntó.

—De engaño —expliqué. Cada vez que alguien se escapa a través de ellas, se hace un nuevo agujero para que otro la atraviese. Puedes atravesar los huecos que ya están hechos o hacer nuevos tú mismo.

Esteban escogió un lugar que estaba rígido con alambres de púa, extendió sus brazos y caminó directo hacia él, abriendo una gran brecha al pasar por allí. Supe que un día regresaría aquí mismo y guiaría a muchos otros a pasar por la abertura que acababa de hacer. Mirarlo era un gozo. Sentí la presencia de Sabiduría tan fuertemente que supe que lo vería si me daba vuelta. Lo hice y así fue. El enorme gozo que experimentaba podía verse en su rostro también.

LIBERTAD

DE PIE JUNTO A SABIDURÍA, mientras mirábamos a Esteban atravesar las vallas, él gritó:

—¿De qué está hecho el muro?

—De temor.

Vi que Esteban se detuvo y miró al muro. Era gigante. Muchos nunca logran pasar las vallas, y sabía que esta era una prueba crucial para él.

Sin volver la vista atrás, gritó de nuevo:

—¿Me ayudarás a escalarlo?

—No puedo ayudarte —le respondí—. Si tratara de hacerlo, lo único que lograría sería retrasarte y hacerlo más difícil aún. Para conquistar tus temores, debes enfrentarlos tú solo.

—Cuanto más lo miro, peor me parece —le escuché decirse a sí mismo.

—Esteban, has cometido tu primer error.

—¿Qué fue lo que hice? —clamó abatido, a estas alturas lleno de temor.

—Te detuviste.

—¿Y qué hago ahora? Siento que mis pies están muy pesados como para moverlos.

—Mira al agujero que tú abriste en las vallas —le recomendé—. Ahora mira la parte alta del muro y comienza a andar. Cuando llegues hasta él, sigue andando. No pares para descansar. No hallarás descanso mientras escales el muro, así que continúa subiendo hasta que llegues al borde.

Para mi alivio, él empezó a avanzar de nuevo. Iba mucho más lento, pero aun así progresaba. Cuando alcanzó la muralla comenzó a treparse, lenta pero decididamente. Tan pronto como vi que estaba a punto de lograrlo, me acerqué al muro y rápidamente lo escalé, de modo de poder encontrarlo al otro lado.

Pensé también que Esteban estaría sediento, entonces lo esperé junto a un arroyo. Cuando llegó allí, se sorprendió un poco de verme, pero estaba contento. Yo estaba igual de sorprendido por ver el cambio en él. No solamente sus ojos resplandecían con un brillo y una claridad jamás antes lograda, sino que además él caminaba con una confianza y nobleza que eran imponentes. Yo lo había visto como un soldado de la cruz, pero no como el gran príncipe que obviamente había sido llamado a ser.

—Cuéntame algo acerca de esto —le dije.

—Fue tan difícil comenzar a caminar de nuevo y luego continuar haciéndolo, que supe que si me detenía alguna vez más sería demasiado duro volver a comenzar. Pensé en lo que me contaste, aquellos que conocieron el nombre del Señor, pero nunca habían escalado este muro para caminar en fe en su nombre. Sentí que yo también podía llegar a ser uno de ellos. Y decidí que aun si caía, incluso si moría, prefería la muerte a estar en esa prisión. Preferí morir que no ver lo que hay de este lado y no hacer el peregrinaje que fui llamado a recorrer. Fue difícil, aun más difícil de lo que creía, pero ya valió la pena haberlo intentado.

—Bebe de este arroyo. Encontrarás toda el agua y la comida que precises para tu camino. Siempre estará allí cuando realmente lo necesites. Que el hambre y la sed te mantengan en movimiento. Cuando encuentres el refrigerio, descansa mientras dure, pero luego continúa avanzando.

Él bebió rápidamente y luego se puso en pie, ansioso de proseguir su camino.

—No volveré a verte por un tiempo, así que hay algunas cosas que debo decirte ahora y que te ayudarán en tu peregrinaje.

Esteban me miró con un enfoque y un brillo maravillosos. *"Aquellos que más conocen la esclavitud son los que más aman la libertad"*, pensé. Le señalé la montaña más alta que podíamos divisar.

—Debes escalar esa montaña. Cuando llegues a la cima, mira lo más lejos que te sea posible ver. Retén bien lo que ves y busca la senda que te conduzca a donde estás yendo. Haz un mapa en tu mente. Allí es donde eres llamado a ir.

—Comprendo —afirmó—. Pero ¿puede esta montaña ser vista desde una de estas otras más bajas? Ya no tengo miedo de escalar, pero estoy ansioso de proseguir con el viaje.

—Puedes ver lugares desde estas más bajas y llegar a esos lugares más rápido. Puedes elegir hacerlo así. Te llevará más tiempo y será más trabajoso llegar a esa montaña alta, pero desde allí podrás ver mucho más lejos y contemplar algo mucho más grandioso. El viaje desde la montaña alta también será más difícil y llevará más tiempo. Eres libre y puedes escoger cualquiera de los dos recorridos.

—Tú siempre tomas el de la montaña alta, ¿no es así? —preguntó Esteban.

—Ahora sé que siempre es lo mejor, pero no puedo afirmar que siempre he elegido la montaña más alta. A menudo he escogido la manera más fácil, más rápida, y siempre me arrepentí al hacerlo. Ahora creo que es sabio elegir siempre la montaña más alta de escalar. Sé que el tesoro más grande está siempre al final del camino más largo y dificultoso. Y creo que tú también eres de esa clase de cazadores de tesoros. Has vencido un gran temor. Ahora es el tiempo de caminar en una gran fe.

—Sé que lo que dices es cierto y sé en mi corazón que debo escalar la montaña más alta ahora, o de lo contrario, siempre escogeré aquello que es menos de lo que podría haber logrado. Es simplemente que estoy muy ansioso de irme y llegar a mi destino.

—La fe y la paciencia deben ir juntas —le contesté. La impaciencia es en realidad una falta de fe. La impaciencia nunca te guiará a los más altos propósitos de Dios. Lo bueno puede ser el mayor enemigo de lo mejor. Ahora es el tiempo de establecer un patrón en tu vida de siempre elegir lo supremo y lo mejor. Esta es la forma de permanecer cerca de Sabiduría.

—¿Qué más se supone que debes decirme antes que me vaya? —Esteban hizo esa pregunta, sentado sobre una roca, prudentemente escogía ser paciente y recibir todo lo que necesitaba saber antes de partir. Parecía que él conociera a Sabiduría mejor que yo.

UNA ADVERTENCIA

—Hay otra sabiduría que no es la sabiduría de Dios, y hay otro que se llama a sí mismo "Sabiduría". Él *no es* Sabiduría; es nuestro enemigo. Puede ser difícil de reconocer porque trata de parecerse a Sabiduría, y es muy bueno en eso. Viene como ángel de luz y generalmente trae verdad. Tendrá una forma de verdad y tiene sabiduría, pero me ha llevado un buen tiempo ser capaz de distinguirlas de *La* Verdad y *La* Sabiduría. He aprendido que todavía puedo ser burlado por ellas si tan solo por un momento empiezo a creer que no podré. Sabiduría me ha dicho que nunca podremos ser más astutos que el enemigo; nuestra defensa es aprender primero a reconocerlo y luego a resistirlo.

Los ojos de Esteban estaban bien abiertos con esa mirada de "entiendo", cuando exclamó:

—¡Sé a lo que te refieres! Conocí a mucha gente en la prisión que seguían a "ese". Siempre hablaban de

una sabiduría superior, de un conocimiento superior"
Ellos siempre parecían personas nobles y justas, pero se
sentían tontos. Cada vez que les hablaba de Sabiduría,
decían que ellos también conocían a "Sabiduría" y que
él era su "guía interior". Sin embargo, cuando los escuchaba, no sentía que fuera guiado a la libertad como
ellos decían, sino en cambio a un yugo más fuerte en
esa prisión. Solo sentía oscuridad alrededor de ellos, no
como la luz que sentí cuando hablé con Sabiduría. Supe
que no era el mismo.

—La verdadera Sabiduría es Jesús. Ahora ya lo sabes. La verdadera sabiduría es buscarlo. Toda sabiduría
que no te conduzca a Jesús es una sabiduría falsa. Jesús
siempre te hará libre. La falsa "Sabiduría" siempre te llevará a la esclavitud. No obstante, la verdadera libertad
a veces parece esclavitud al principio, y la esclavitud a
menudo luce como libertad al principio.

—No ha de ser fácil, ¿no es cierto? —se lamentó
Esteban.

—No. No va a serlo, y no se supone que lo sea. La
sospecha no es lo mismo que el discernimiento, pero
si vas a sospechar de algo, sospecha de lo que parezca
fácil. Todavía no he encontrado a "fácil" detrás de ninguna puerta o en ningún camino que haya sido bueno.
Tomar el camino más fácil puede ser la forma más segura de ser engañado. Has sido llamado como un soldado
y vas a tener que pelear. Ahora mismo el mundo entero
está bajo el poder del falso "Sabiduría", y tendrás que
vencer al mundo para cumplir tu destino.

—Ya he tenido que hacer cosas que fueron más difíciles que las que había hecho antes—reflexionó Esteban—.

Pero tienes razón: es difícil pero vale la pena. Nunca antes había conocido un gozo, una satisfacción y una esperanza así. La libertad es difícil. Es costoso elegir qué montaña escalar. Allá atrás, sabía que podía elegir no escalar ese muro. Sentía como si el temor de tomar la decisión fuera el muro mismo dentro de mí. Pero después de haber tomado la decisión, supe que llegaría alto. ¿Pero siempre se tornará así de fácil?

—No lo creo, pero por alguna razón lo "difícil" termina siendo lo más satisfactorio. No puede haber victoria sin una batalla, y cuanto mayor sea esta, mayor será la victoria. Cuantas más victorias experimentes, más desearás volver a las batallas y te levantarás más alto para enfrentar guerras mayores. Lo que lo hace sencillo es que el Señor siempre nos llevará a la victoria. Si permaneces cerca de Él, nunca perderás. Después de cada batalla, de cada prueba, estás más cerca de Él y lo conoces mucho mejor.

—¿Siempre sentiré esa oscuridad cuando el falso "Sabiduría" trate de engañarme?

—No lo sé. Solo sé que la oscuridad llega si él logra engañarnos y que nos miremos a nosotros mismos. Cuando engañó al primer hombre y la primera mujer para que comieran del Árbol del Conocimiento del Bien y del Mal, lo primero que hicieron fue mirarse a sí mismos. Una vez que el falso "Sabiduría" logra hacernos egocéntricos, nuestra caída hacia la esclavitud es inminente. El engañador siempre trata de hacer que te mires a ti mismo. El llamado a cumplir nuestro destino no es por nuestra propia causa, sino por la causa del Señor y por la causa de su pueblo.

—¿Alguien ha llegado a su destino sin ser engañado?

—No lo creo. Hasta el gran apóstol Pablo admitió haber sido frustrado por Satanás. Pedro fue engañado unas pocas veces que están registradas en Las Sagradas Escrituras, y no sabemos cuántas otras que no quedaron escritas. Pero no te preocupes sobremanera acerca de ser engañado. Esa es en verdad una de sus mayores trampas. Él desvía a muchos haciéndoles temer más su poder para engañar que tener fe en el poder del Espíritu Santo para guiarlos a toda verdad. Los que han caído en esta trampa no solo caen en un mayor temor, sino que además atacarán a cualquiera que camine en la libertad que proviene de la fe. Estoy casi seguro de que no llegarás muy lejos en tu ascenso a la montaña antes de que ellos te embosquen.

—¿Y conocen ellos el nombre de Jesús? —preguntó Esteban, un poco confundido—. Deben haberlo conocido como para subir a lo alto del muro y haber llegado tan lejos. Es decir, ¿alguna vez han conocido su nombre de veras?

—Estoy seguro de que sí. Pero mira hacia delante, al valle que rodea cada montaña. ¿Qué ves?

—Parecen ser pequeñas prisiones. ¡Se ve como si hubiera muchas iguales a las que yo acabo de salir!

—Por eso, es que me sorprendí cuando me contaste que Sabiduría te había dicho que esa era la única prisión, pero luego de estar allí por un momento comprendí a qué se refería. Mira las murallas altas. Mira las vallas. Son todas iguales. Si eres capturado a lo largo del camino, no te traerán hasta aquí. Ellos saben que elegirías la muerte antes que eso, entonces te llevarán a una de esas pequeñas prisiones. Cuando te acercas a ellas, es difícil ver que son prisiones desde afuera, pero por dentro son todas iguales, con la gente dividida y cautiva por sus temores.

—Me alegro de que me las hayas mostrado —expresó Esteban—. Ni siquiera había visto las prisiones cuando miraba hacia aquí desde la parte alta del muro o cuando miraba la montaña que voy a subir. ¿Así que tú piensas que seré emboscado muchas veces por aquellos que tratarán de capturarme y ponerme en una de estas cárceles? ¿Y que esa gente usará el nombre de Jesús?

—El Señor mismo advierte en Las Sagradas Escrituras que en los últimos días muchos vendrán en su nombre, diciendo que Él es el Cristo, pero aun así engañarán a muchos. Créeme, hay muchos como esos, y yo no pienso que la mayoría de ellos sepan que son engañadores. Puedo contarte una característica que he visto en todos los que he conocido: ellos abandonan a mitad de camino, no llegan a su destino. Se necesita fe para seguir andando, y ellos eligen seguir sus temores antes que la fe. Comienzan a pensar que el temor es fe y en verdad ven los muros de temor alrededor de sus cárceles como fortalezas de verdad. El temor le hará eso a tu visión y comenzarás a ver las fortalezas de ese modo. Pocas de estas personas son realmente deshonestas. Ellos son sinceros, pero están engañados por una de las armas más poderosas de todas: *el miedo a ser engañados*."

—¿Debo pelear contra ellos?

—Entiendo tu pregunta y yo mismo me la he hecho muchas veces. Ellos destruyen la fe de tanta gente y hacen más daño a los peregrinos que todos los cultos y sectas combinadas. Habrá un tiempo en que esas piedras de tropiezo serán quitadas, pero por ahora ellos también están cumpliendo el propósito de hacer el camino más difícil.

—¿Sabiduría quiere que sea más difícil? Ya de por sí es difícil batallar contra nuestros propios temores" ¿Por qué querría Él complicarlo aún más, haciéndonos batallar también contra esa gente temible?

—El camino será exactamente tan fácil o tan difícil como Él quiera que sea. Esta vida es un peregrinaje temporal que sirve para preparar a los que reinarán eternamente con Él en la era venidera, como hijos e hijas del Altísimo. Cada prueba tiene el propósito de cambiarnos a su imagen. Una de las primeras cosas que debemos aprender en este viaje es a no desperdiciar ni una simple prueba, sino a aprovecharlas como lo que son: oportunidades. Si tu senda es más dificultosa, es porque mayor es tu llamado.

LA NECESIDAD DE DISCIPLINA

—*Muchos son los llamados, pero pocos los escogidos. Muchos vendrán a la boda, pero muy pocos serán la novia.*

Nos volvimos y vimos a Sabiduría parado detrás de nosotros. Él lucía como el joven atleta que Esteban había conocido.

Corre la carrera que está dispuesta delante de ti, y el premio será mayor del que tú puedes comprender ahora. Tú sabes la disciplina que se requiere para prepararse para una carrera. Ahora ejercítate para la justicia. He llamado a todos a correr, pero pocos corren como para ganar. Disciplínate como para ganar.

Luego se fue.

—¿Por qué se fue? —preguntó Esteban.

—Porque ya dijo todo lo que necesitaba decir en esta etapa. Te habló de disciplina. Yo tomaría eso como lo más importante para ti en este tiempo.

—Disciplina. ¡Odiaba esa palabra!

—Él te habló de la carrera, ¿tú eras corredor?

—Sí, y de los rápidos. Siempre era el más veloz en mi escuela, y hasta me ofrecieron una beca para correr por una importante universidad.

—Deduzco que no la aceptaste.

—No, no lo hice.

—¿Fue por falta de disciplina que no fuiste a la universidad?

—¡No! Fue por... —Hubo un gran silencio mientras Esteban se miraba los pies—. Sí, probablemente fue por eso.

—No te preocupes por eso ahora. Sin embargo, debes entender algo. Muchos que son potencialmente los mejores en un área u ocupación nunca llegan a ser exitosos por falta de una cosa: disciplina. Lo que haces ahora es mucho más importante que una pista de carrera o que la universidad. Obviamente, la disciplina ha sido tu debilidad, y ya te ha costado demasiado, pero en Cristo todas las cosas son hechas nuevas. En Él, las mismísimas cosas que han sido nuestras mayores debilidades pueden convertirse en nuestras mayores fortalezas. Ahora eres su discípulo. Eso significa que eres "uno disciplinado".

—Sé que estás diciendo la verdad y también sé que esta es una carrera que no querría perder por nada del mundo.

—¿Ves esa senda que conduce a hacia arriba?

—Sí.

—Su nombre es Disciplina. Quédate en ella si quieres alcanzar la cima.

EL EJÉRCITO

DE PRONTO ME ENCONTRÉ sobre una gran montaña, contemplando una gran planicie. Ante mí se desplegaba un ejército que marchaba en un amplio frente. Había doce divisiones a la vanguardia, que saltaban a la vista de entre la multitud de soldados que los seguían por detrás. Esas divisiones estaban a su vez separadas en lo que supuse que serían regimientos, batallones, compañías y escuadrones. Las divisiones se distinguían por sus estandartes, y los regimientos, por los diferentes colores de sus uniformes.

Los batallones, las compañías y los escuadrones se distinguían su vez por cosas como los cintos o las charreteras que cada grupo usaba. Todos tenían una armadura como de plata pulida, escudos que parecían ser de oro puro y armas de oro y plata. Los estandartes eran enormes, de nueve o diez metros de largo. Cuando los soldados marchaban, su armadura y sus armas refulgían en el sol como rayos, y el flamear de los estandartes y las pisadas de sus pies se oían como un trueno rugiente. No creo que la Tierra haya visto jamás algo como esto.

Luego estuve lo suficientemente cerca como para ver sus rostros; había hombres y mujeres, ancianos y jóvenes, de toda raza. Había una feroz determinación en sus rostros, pero aun así no parecían tensos. La sensación de guerra estaba en el aire, pero en las filas, pude percibir una paz tan profunda que supe que ni siquiera uno de ellos temía la batalla a la que se encaminaban. La atmósfera espiritual que sentí cuando estuve cerca de ellos era tan asombrosa como su apariencia.

Miré sus uniformes. Los colores eran brillantes. Cada soldado también tenía insignias y medallas. Los generales y otros oficiales de rangos superiores marchaban en las filas junto a los demás. Y aunque era evidente que los que tenían rangos mayores estaban a cargo, nadie parecía estar demasiado preocupado por su escalafón. Desde la jerarquía más alta hasta la más baja, todos parecían ser amigos íntimos. Era un ejército de lo que parecía ser una disciplina sin precedentes; con todo, parecía ser también simplemente una gran familia.

Al observarlos vi que todos parecían abnegados, pero no por falta de identidad, sino porque todos estaban seguros de quiénes eran y de lo que hacían. No estaban preocupados por sí mismos ni buscaban aprobación. No pude detectar ambición u orgullo en ninguna parte de las filas. Era asombroso ver tantos y a la vez tan singulares, con una armonía tal que marchaban en un compás perfecto. Estaba seguro de que nunca había existido un ejército igual sobre la Tierra.

Después estuve por detrás de una de las divisiones delanteras, mirando a uno de los grupos más numerosos que estaba compuesto de cientos de divisiones. Cada una de ellas era de un tamaño distinto, las menores eran de alrededor de dos mil personas, y las mayores, de cientos de miles. Aunque este equipo no era tan llamativo y colorido como el primero, también era un ejército muy asombroso, simplemente por causa de su tamaño. Ellos también tenían estandartes, pero no eran ni tan grandes ni tan impresionantes como los del primer grupo. Todos ellos tenían uniformes y rangos, pero me sorprendí al ver que muchos de ellos no tenían puesta toda la armadura, y muchos ni siquiera llevaban armas. La armadura y las armas que tenían no estaban tan lustradas y tan brillantes como las que tenía el otro equipo.

Me acerqué para verlos mejor y pude apreciar que todos ellos estaban determinados y tenían un propósito, pero que no poseían el mismo grado de enfoque que el primer grupo. Estos parecían mucho más concientes de sus rangos y de los de quienes los rodeaban. Sentí que esta era una distracción que les estorbaba el enfoque. También pude percibir ambición y celos en las filas, lo cual era indudablemente otra distracción. Incluso así, sentí que esta segunda división todavía tenía un más alto nivel de devoción y propósito que ninguna otra sobre la Tierra. Esta también era una fuerza muy poderosa.

Detrás de este segundo ejército había un tercero que marchaba bastante alejado de las otras dos divisiones, tanto que no estaba seguro si alcanzaban a ver los grupos que estaban delante de ellos. Esta tropa era muchas veces más grande que la primera y la segunda juntas, aparentemente compuesta por millones y millones. Al mirarlos desde la distancia, este ejército parecía desplazarse en distintas direcciones, como un conjunto de pájaros, barriendo primero un tramo y luego el siguiente, nunca moviéndose en una dirección fija por mucho tiempo. A causa de su movimiento errático, era arrastrado cada vez más lejos de los dos primeros grupos.

Al acercarme vi que esos soldados tenían uniformes andrajosos, de un gris opaco, que no estaban planchados ni limpios. Casi todos estaban sangrando y heridos. Unos pocos intentaban marchar, pero la mayoría simplemente caminaba en la dirección que los otros iban. Constantemente se armaban peleas en las filas, así muchos resultaban heridos. Algunos de los soldados trataban de mantenerse cerca de los raídos estandartes esparcidos al azar entre las filas. Aun así, ni siquiera los que estaban cerca de los estandartes tenían una clara identidad porque constantemente vagaban de un estandarte a otro.

En este tercer ejército, me sorprendí de ver que había solo dos rangos: generales y civiles. Solamente unos pocos tenían alguna pieza de la armadura puesta y no divisé armas, excepto algunas falsas que llevaban los generales. Ellos ostentaban estas armas falsas como si tenerlas los hiciera especiales, pero hasta los que estaban en las filas podían decir que estas no eran reales. Era triste porque se hacía evidente que los que estaban en las filas con desesperación querían encontrar a alguien que fuera real a quien pudieran seguir.

No parecía haber ninguna ambición, excepto entre los generales. Y esto no era por abnegación, como en el caso del primer ejército, sino porque les importaba poco. Pensé que era preferible la ambición del segundo grupo a la confusión que prevalecía aquí. Los generales parecían estar más interesados en hablar sobre sí mismos y pelear unos con otros, cosa que hacían constantemente las camarillas pequeñas que estaban a su alrededor. Pude entender que las peleas entre las filas eran la causa de su movimiento indefinido y de los cambios erráticos de dirección que este equipo hacía de tanto en tanto.

Al observar los millones de personas en este grupo sentí que, a pesar de su gran número, en verdad no le agregaban fuerza al ejército, sino en cambio lo debilitaban. En una batalla real, estos serían más una carga que un valor. Solamente el hecho de mantenerlos con comida y protección costaría más en recursos que cualquier valor que ellos pudieran aportarle a la habilidad del ejército para pelear. Pensé que un civil en el primero o segundo grupo sería más valioso que muchos de los generales del tercero. No podía entender por qué razón los primeros grupos aún permitían que este equipo se sumara detrás de ellos. Ellos evidentemente no eran soldados verdaderos.

LA SABIDURÍA DE SÉFORA

Repentinamente, me encontré en una gran montaña desde donde pude divisar a todo el ejército. Mientras lo contemplaba, noté que la llanura estaba seca y polvorienta delante del ejército, pero inmediatamente después de que las primeras doce divisiones pasaron, el suelo se volvió verde oscuro, con árboles que daban sombra y que llevaban fruto, y corrientes de agua pura surcaban la tierra. Este ejército restauraba la tierra. Pensé cuán distinto era esto a lo que ocurría cuando uno de los ejércitos del mundo cruzaba un territorio. Ellos saqueaban y hurgueteaban hasta que la tierra por donde habían pasado estaba completamente devastada.

Luego observé cómo las segundas divisiones pasaban por el mismo suelo. Dejaban muchos puentes y otros edificios, pero la tierra no quedaba en tan buen estado como antes de que hubieran pasado por allí. El pasto no era verde, las aguas estaban ciertamente lodosas, y mucho del fruto había sido arrancado.

Entonces miré atentamente lo que sucedía cundo el tercer grupo pasaba por el mismo suelo. El pasto se había ido o estaba tan pisoteado que ni se veía. Los pocos árboles que quedaban habían sido talados. Las corrientes de aguas estaban contaminadas. Los puentes estaban rotos e intransitables. Los edificios, dejados en ruinas. Parecía que este grupo deshizo todo lo bueno que los primeros dos habían hecho. Al verlos, la ira se alzó dentro de mí.

Sentí a Sabiduría al lado mío. No dijo nada por un largo rato, pero pude sentir que Él también estaba enojado.

"El egoísmo destruye —dijo finalmente—. *"Yo vine para dar vida, y vida en abundancia. Aunque mi ejército ha madurado, habrá muchos que hablarán en mi nombre y seguirán a los que me siguen, pero ellos no me conocen ni andan en mis caminos. Estos destruyen el fruto de los*

que me siguen. Por esta causa, el mundo no sabe si consi-
derar a mi pueblo una bendición o una maldición."

Cuando Sabiduría dijo esto, sentí un inmenso ardor procedente de Él, que se intensificaba hasta que se hizo tan doloroso que era difícil concentrarme en lo que decía. Pero igualmente supe que sentía lo que Él estaba sintiendo y que aquello era una parte importante del mensaje que Él me transmitía. El dolor era una combinación de compasión por la tierra e ira por el egoísmo de ese ejército. Ambos sentimientos eran tan fuertes que sentía como si estuvieran siendo tallados en mí.

A medida que el furor aumentaba, sentí que Él podría llegar a destruir al ejército entero. Luego recordé cómo el Señor había salido al encuentro de Moisés cuando estaba de camino a Egipto en obediencia al Señor. Él había tratado de matarlo hasta que su esposa, Séfora, circuncidó a su hijo. Nunca había entendido esto hasta ahora. Como la circuncisión habla de la remoción de la carne, o de la naturaleza carnal, el incidente con Moisés fue como un presagio profético del pecado de Elí, el sacerdote que atrajo una maldición sobre sí y la derrota de Israel porque no había disciplinado a sus hijos.

"¡Señor, levanta a aquellos que tengan la sabiduría de Séfora!", clamé.

El ardor continuó, y vino sobre mí una profunda determinación de ir a los líderes de este gran ejército, y contarles la historia de Séfora y decirles que cada uno en el ejército del Señor debía ser circuncidado en el corazón. La naturaleza carnal debía ser cortada. Sabía que si seguían marchando sin hacerlo, el ejército completo estaría en peligro de ser destruido por el Señor, así como

Él casi había matado a Moisés cuando estaba saliendo de Egipto.

Entonces me encontré parado en el Salón del Juicio, ante el Trono del Juicio. El Señor todavía aparecía como Sabiduría, pero nunca lo había visto tan severo, ni sus palabras habían llevado más peso.

—*Tú ya has visto este ejército en tu corazón muchas veces. Los líderes que comisiono ahora guiarán esta milicia. Te envío a muchos de esos líderes. Pero ¿qué les dirás?*

—Señor, este es un gran ejército, pero todavía me lamento por la condición del tercer grupo. No entiendo por qué se les permite fingir que son parte de tus tropas. Me gustaría decir que antes de que sigan avanzando, el primer y segundo ejército deberían darse vuelta y echar a este tercer grupo. Ellos eran poco menos que una enorme turba.

—*Lo que viste hoy está todavía en el futuro. Los ministerios que estoy por soltar reunirán a este ejército y lo equiparán para ser todo lo que viste en el primero. En este tiempo, casi todo mi regimiento está en las condiciones del tercer grupo. ¿Cómo podría dejar que sean despedidos?*

Quedé anonadado por esto, aunque sabía que nunca había visto a ninguno del pueblo del Señor estar en buena forma, siquiera como el segundo grupo de este ejército.

—Señor, sé que sentí tu enojo por este grupo. Si casi todo tu ejército está actualmente en esas condiciones, estoy agradecido de que no nos hayas destruido a todos. Cuando miraba a este tercer grupo, sentí que su estado deplorable se debía a la falta de entrenamiento, equipamiento y visión, así como también a la falta de aceptar la cruz que circuncida el corazón. Creo que debo ir a ellos con el mensaje de Séfora, pero ellos también necesitarán instructores y oficiales que los entrenen.

Sabiduría prosiguió:

—*Recuerda el primer ejército que viste delante de la montaña. Ellos tampoco estaban preparados para la batalla, y cuando esta comenzó, los que no estaban preparados huyeron. Sin embargo, muchos regresaron con su armadura puesta y después de haber reemplazado el engaño por la verdad. Los dos primeros grupos en este ejército fueron cambiados por las batallas que los despertaron a su verdadera condición. Luego ellos clamaron a mí, y Yo les envié pastores conforme a mi corazón.*

Todos mis pastores son como el rey David. No son mercenarios que buscan su propio lugar o posición, sino que dejarán sus vidas por mi pueblo. Tampoco tienen temor en la guerra contra mis enemigos y son puros en su adoración a mí. Estoy por enviar esta clase de pastores. Debes regresar con el mensaje de Séfora. El tiempo se acerca en que no toleraré a aquellos que no circunciden sus corazones. Debes advertirles de mi ira.

También te envío a caminar con los profetas que suelto; serán como "Samueles", que derramarán el aceite sobre mis verdaderos pastores. Muchos de estos ahora son considerados los últimos entre sus hermanos, pero los encontrarás sirviendo como pastores fieles sobre sus rebaños, obreros fieles en cualquier tarea que se les haya asignado. Ellos son mis fieles que son llamados a ser reyes. A ellos les confiaré mi autoridad. Ellos prepararán a mi pueblo para la gran batalla al final de los tiempos.

Entonces me pregunté en mi corazón: "Si estamos ahora en la condición del tercer grupo, ¿qué se debe hacer con los generales que no parecen ser verdaderos generales?"

—*Tienes razón, ellos no son verdaderos generales,* —respondió el Señor—. *Yo no los nombré, sino que se nombraron ellos mismos. Con todo, algunos de ellos serán cambiados, y Yo los haré generales. Otros se convertirán en oficiales provechosos. Sin embargo, la mayoría huirá a la primera señal de batalla, y no los verás nunca más.*

Recuerda esto: en un tiempo, cada uno de los que está en el primer ejército fue parte del último. Cuando vayas con el mensaje de Séfora a declarar que Yo no toleraré más la carnalidad entre mi pueblo, aquellos que realmente Yo he llamado y que son devotos a obedecerme no huirán de mi circuncisión, sino que se levantarán contra la carnalidad en el campamento para que Yo no traiga juicio sobre ellos. Mis pastores son responsables por la condición de mis ovejas. Mis generales son responsables por la condición de mis soldados. Aquellos a los que he llamado tomarán su responsabilidad porque me aman, aman a mi pueblo y aman la justicia.

EL CAPITÁN DEL EJÉRCITO

Luego ya no estaba más ante el Trono del Juicio, sino en la montaña, contemplando el ejército nuevamente. Sabiduría estaba de pie junto a mí. Estaba resuelto, pero ya no sentía más el dolor y la ira que había sentido antes.

—*Te he permitido ver un poquito en el futuro* —comenzó a decir Sabiduría—. *Te envío a aquellos que son* llamados a preparar mi ejército y liderarlo. Estos son los que han peleado la batalla en la montaña. Estos son los que han enfrentado el ejército del acusador y han permanecido fieles. Estos son los que han cuidado a mi pueblo y lo han protegido arriesgando de sus propias vidas. Ellos son llamados a ser los líderes en mis tropas que pelearán en la gran batalla del fin y se levantarán sin temor de los poderes de las tinieblas.

Como puedes ver, el ejército marcha, pero habrá momentos en que acampe. Acampar es tan importante como Marchar. Es el tiempo de planificar, de entrenarse y de agudizar las habilidades y afilar las armas. También es tiempo para que los que están en el primer grupo caminen entre los del segundo, y para que los líderes del segundo grupo caminen entre los del tercero y hallen a quienes deben ser llevados al próximo nivel. Hazlo mientras puedas, porque se acerca el tiempo en que Apocalipsis 11:2-3 se cumplirá, y aquellos que quieran ser llamados por mi nombre pero no anden en mis caminos serán hollados. Antes de la gran batalla final, mi ejército será santo, así como Yo soy santo. Yo quitaré a aquellos que no estén circuncidados de corazón y a los líderes que no mantuvieron mi justicia. Cuando la última batalla sea peleada, no habrá un tercer grupo como ves aquí.

Hasta ahora, cuando mi ejército acampaba, desperdiciaba la mayor parte del tiempo. Así como solamente te llevo a mi pueblo adelante con un objetivo claro, así es también cuando llamo a mi pueblo a acampar: hay un propósito para ello. La fuerza del ejército que marcha será determinada por la calidad de su campamento. Cuando es hora de parar y acampar por un tiempo, es para enseñarle a mi pueblo mis caminos. Un ejército es un ejército ya sea que pelee o que esté en paz. *Debes aprender cómo acampar, cómo marchar y cómo pelear. No harán ninguna de estas cosas bien a menos que las hagan bien a todas.*

Mi ejercito debe estar preparado para hacer cada una de estas cosas a tiempo y fuera de tiempo. Ustedes pueden pensar que es tiempo de marchar, pero Yo los guiaré a acampar porque veo cosas que ustedes no pueden ver, aun desde su lugar de visión. Si me siguen, siempre harán lo correcto en el tiempo preciso, aunque para ustedes no parezca ser lo correcto. Recuerden: Yo soy el Capitán del Ejército.

La resolución de un ejército estará dada por la nobleza de su misión, por lo bien que estén preparados para su misión y por lo bien que sean liderados. Este regimiento marchará con la misión más noble que ha sido jamás dada al hombre. No obstante, pocos de mi pueblo están equipados para su misión, y los que ahora lideran a mi pueblo siguen sus propios deseos. Ahora levantaré líderes que entrenarán y equiparán a mi pueblo. Estos me seguirán porque Yo soy el Capitán del Ejército.

Muchos ejércitos experimentaron victorias y derrotas. El mío ha marchado por muchos siglos y también ha tenido muchas victorias y muchas derrotas. Mi ejército ha perdido muchas batallas porque atacó al enemigo cuando no le di la orden de hacerlo. Otros fueron vencidos porque atacaron al enemigo con gente no entrenada. La mayoría de estos líderes lo han hecho porque buscaban su propia gloria. Como Pablo escribió de los de su tiempo: "Todos buscan sus propios intereses".

Otros líderes han tenido mis intereses en su corazón y sinceramente buscaban la victoria sobre el mal por causa de mi nombre, pero no entrenaron bien a su gente; no caminaron conmigo como su Sabiduría. Eso cambiará ahora. Yo seré el Capitán del Ejército. No se desanimen por la forma en que mi pueblo luce ahora, sino recuerden en lo que se ha de convertir. Ahora levantaré líderes que solamente marcharán cuando Yo dé la orden. Mientras mi ejército me siga, ganará cada batalla. Cuando acampen, conocerán mi presencia y se fortalecerán en mis caminos.

Llegará un tiempo en el futuro en que verán mi ejército exactamente como es ahora. En ese tiempo, sentirán el ardor de mi ira. Sepan que no soportaré a aquellos que permanecen en la condición del tercer grupo. Entonces detendré la marcha de todo el ejército hasta que esos en el grupo hayan sido disciplinados, para que se conviertan en verdaderos soldados o sean dispersados. Disciplinaré a los del segundo grupo para echar fuera todas sus ambiciones impuras y que vivan por mí y por mi verdad. Entonces mi ejército avanzará, no para destruir, sino para dar vida. Yo estaré en medio de ellos para hollar a mis enemigos bajo los pies de mi ejército. ¡Vengo como el Capitán del Ejército!".

mi capitán

LA
CIUDAD

Luego estuve parado en otra gran montaña, contemplando una ciudad. La gloria de esta ciudad sobrepasaba a cualquier cosa que hubiera visto o imaginado hasta el momento. Aunque cada edifico u hogar eran únicos y hermosos, cada uno cuadraba en una simetría asombrosa con el otro, asimismo los campos, las montañas y los arroyos circundantes. Era casi como si la ciudad hubiera crecido como una planta en vez de haber sido construida. Sentí como si mirara algo que había sido edificado por una raza que no había caído y que había caminado en la rectitud y pureza de Adán y Eva en el principio.

Un aspecto que saltaba a la vista era la gran cantidad de ventanas de cristal en cada estructura o vivienda. Este cristal era tan claro y limpio, y las ventanas y puertas estaban tan bien emplazadas, que sentí que no solo era bienvenido en cada vivienda, sino además me sentía invitado. También era como si no hubiera nada que esconder, y no había peligro de que nada fuera robado.

Luego miré a las personas de la ciudad. Ellos me parecían familiares, pero a la vez sabía que nunca antes había visto nadie como ellos. Eran como imaginaba que habría sido Adán antes de la caída. Sus ojos brillaban con lo que parecía ser una total comprensión, una profundidad intelectual muy superior a la de la persona más inteligente que jamás existió. Supe que esto se debía a un orden y una paz mental que estaban completamente libres de confusión o dudas, o tal vez de la confusión *de* la duda. No había ambición, ya que todos se veían muy seguros de sí mismos y tenían sumo gozo en quiénes eran y en lo que hacían. Eran completamente abiertos porque todos eran libres.

Luego miré las calles en esta ciudad. Había muchas carreteras principales en el centro, todas yendo en la misma dirección, y muchas vías menores conectadas con esas grandes autopistas. Al mirar una de las mayores carreteras, me fue impartido el conocimiento sobre la verdad de la santidad. Miré a otra carretera y descubrí la verdad sobre la sanidad. Al mirar a otra, comencé a entender cosas sobre el juicio. Mirando cada autopista principal, comprendía una verdad diferente. La gente que caminaba y vivía en cada una de esas vías parecía reflejar la verdad contenida en ella.

Mi atención se desvió a las muchas callecitas que conectaban con las carreteras. Al mirar cada una, sentí una impartición de un fruto del Espíritu, como amor, gozo, paz o paciencia. Ellos vinieron en forma de sentimientos, en vez del conocimiento que obtenía al mirar las carreteras.

Noté que aunque algunas de esas calles estaban empalmadas con todas las carreteras, algunas de las carreteras solo tenían una o dos calles conectadas a ellas. Por ejemplo, yo solamente podía llegar a la Autopista de la Santidad, caminando por la calle del Amor. Solo podía llegar a la Autopista del Juicio, caminando por las calles de Amor o Gozo. Sin embargo, la Carretera de la Gracia se podía abordar desde *todas* las calles. Para llegar a alguna de las Autopistas de la Verdad, tenía que caminar por una calle llamada como un fruto del Espíritu.

Había gente que caminaban por las carreteras y calles, mientras que otros estaban sentados a la vera de ellas. Algunos estaban en las casas que lindaban con una determinada calle o carretera, y otros estaban construyendo casas en ellas. Los que habitaban los hogares servían constantemente comida y bebida a los que pasaban caminando o a los que estaban sentados junto al camino. Entonces me percaté de que no había restaurantes, hoteles ni hospitales en esa ciudad. Rápidamente comprendí que tampoco eran necesarios, ya que cada hogar era un centro de hospitalidad y sanidad.

Casi todos los hogares estaban abiertos a los viajeros. Y los que no estaban abiertos eran usados para propósitos especiales, tales como estudio o sanidades prolongadas. Me pregunté por qué alguien precisaría sanidad aquí, pero luego me fue mostrada la razón. Aun así, no podía imaginar un lugar más bello donde convalecer. Podría asegurar que cada casa había sido construida para este gran ministerio de hospitalidad, ayuda o sanidad, incluso aquellas que estaban sobre la Autopista del Juicio, el cual parecía ser el lugar de mayor actividad. Por esto, hasta esa autopista era atractiva. Parecía que cada calle no solo era segura, sino además deseable más que ninguna otra vía o carretera que hubiera visto jamás, ni siquiera en un parque temático. Esta ciudad era mucho más gloriosa que ninguna utopía que algún filósofo podría llegar a concebir.

La Autopista del Juicio atrajo nuevamente mi atención. Parecía haber sido la vía menos transitada, pero ahora se tornaba bastante activa. Entonces vi que era porque las otras calles y autopistas confluían aquí. Sin embargo, aunque ella se estaba convirtiendo en el centro de la actividad, la gente todavía parecía dudar de entrar en ella.

Al mirar hacia el final de ella, pude ver que el camino estaba en una pendiente muy pronunciada y que había una gran montaña al final, la cual estaba envuelta en una delicada, pero profunda gloria. Supe que si la gente podía ver el final de este camino, habría muchos más transitando por él. Entonces me di cuenta de que había sido traído a esta vía porque tenía el mismo sentimiento que el Gran Salón del Juicio. Supe que este era el camino que llevaba a conocer al Señor como el Juez Justo.

EL VÍNCULO DE LA PAZ

Me pregunté entonces si esta ciudad era el cielo o la Nueva Jerusalén. Luego observé que aunque estas personas eran de mayor estatura que cualquiera de los que hubiera visto sobre la Tierra, ellos no poseían la gloria o la estatura de aquellos que estaban tan solo en las posiciones más bajas en el Salón del Juicio. Estaba meditando en esto, cuando sentí que Sabiduría se hallaba otra vez junto a mí.

—Estas son las mismas personas que viste en mi ejército —comenzó a decir—. *La ciudad y el ejército son lo mismo. Mis próximos líderes han tenido visiones tanto de mi ciudad como de mi ejército. Edifico a ambos y usaré a los líderes que preparo para completar lo que he comenzado hace algunas generaciones. Mis generales se convertirán en maestros de obras, y mis maestros de obras también se convertirán en generales. Ellos son lo mismo.*

Un día el ejército ya no será necesario, pero esta ciudad durará para siempre. Debes preparar a mi ejército para lidiar sus batallas presentes, pero construir todo lo que construyas para el futuro.

Hay un futuro para la Tierra. Luego de que mis juicios hayan venido, habrá un futuro glorioso. Estoy por mostrarle mi futuro a mi pueblo, de modo que ese futuro esté en sus corazones. Como Salomón escribió: "Todo lo que Dios hace es eterno". A medida que mi pueblo se hace más como Yo, ellos edificarán lo eterno. Harán todo lo que hacen con una paz para el tiempo presente y una visión para el futuro. La ciudad que Yo edifico para durar para siempre está edificada sobre la verdad en los corazones de los hombres. Mi verdad permanecerá, y los que anden en la verdad llevarán fruto que permanezca.

Vengo a la Tierra en mi pueblo como Sabiduría, para edificar mi ciudad. El conocimiento de la verdad la llenará, pero la sabiduría la edificará. La sabiduría que viene sobre mis edificadores hará que el mundo se maraville de mi ciudad aun más de lo que se maravillaron de la ciudad que Salomón construyó. Los hombres han alabado su propia sabiduría desde que comieron del Árbol del Conocimiento. La sabiduría del mundo va a palidecer ante la mía, la cual revelaré a través de mi ciudad. Entonces todos los que alaban toda otra forma de sabiduría serán avergonzados. Todo lo que Salomón hizo fue una profecía de lo que estoy por construir.

En todo lo que has visto de la ciudad que edifico, te he dado solamente una vislumbre superficial. De tiempo en tiempo, se te mostrará más, pero por ahora debes ver una cosa. ¿Qué es lo que más te llamó la atención en la ciudad?

—Lo que más noté fue la armonía. Todo en la ciudad encajaba perfectamente, y la ciudad entera combinaba a la perfección con su entorno —le respondí.

—El vínculo perfecto de la paz es el amor —prosiguió el Señor—. En mi ciudad habrá unidad. En todo lo que he creado, hubo armonía. Todas las cosas cuadran en mí. Todo lo que estoy haciendo en la Tierra es para restaurar la armonía original entre mi Padre y su creación, y entre todas las criaturas. Cuando la humanidad viva en armonía conmigo, la Tierra estará en armonía con Él, y no habrá más terremotos, inundaciones o tormentas. Yo vengo a traer paz sobre la Tierra.

Cuando Él hablaba, yo sabía que miraba al futuro, así como también había mirado cuando vi el ejército. También supe que lo que Él dijo sobre edificar con paz en el presente y con una visión para el futuro era igualmente esencial para la armonía que yo había visto. El tiempo era asimismo una parte de su creación dentro de la cual debíamos encajar.

Sabiduría me asió y me giró, de modo que quedé mirándolo directamente a los ojos. Entonces dijo: "Amo a mi creación. Amo a las bestias del campo como a los peces del mar. Restauraré todas las cosas como eran originalmente, pero primero debo restaurar a la humanidad. Yo no vine solo para redimir, sino también para restaurar. Para ser parte de mi ministerio de restauración, no debes ver a los demás solo como lo que son, sino como en lo que se convertirán. Al igual que Ezequiel, debes ver hasta en los huesos secos un ejército grande en extremo. Debes profetizar vida a los huesos hasta que de ellos se forme el ejército que Yo los he llamado a ser. Entonces mi ejército marchará. Y cuando marche, restaurará; no destruirá. Peleará contra la maldad, pero a la vez edificará la ciudad de justicia.

Todos los tesoros de la Tierra no pueden pesarse en la balanza y compararse con el valor de una sola alma. Edifico mi ciudad en los corazones de los hombres. Los que guardan la gran sabiduría, "el conocimiento de los tesoros eternos" serán usados para edificar mi ciudad. Conocerás a mis edificadores por su sabiduría: ellos no ponen su mente en las cosas terrenales, sino en los tesoros celestiales. Por ello, el mundo traerá su riqueza a mi ciudad como lo hicieron en los tiempos de Salomón.

Estoy por soltar a mis sabios maestros edificadores. Debes caminar con ellos, y ellos deben caminar juntos. Cada una de las carreteras y calles que viste en esta ciudad comenzará como un fuerte de verdad en la Tierra. Cada fuerte desafiará a los poderes de las tinieblas, y esos poderes no prevalecerán contra ellos. Cada uno será como una montaña, con ríos descendiendo de ella para regar la tierra. Cada uno será una ciudad de refugio y un puerto para los que me buscan. Ninguna arma forjada contra ellos prosperará, y ninguna arma que les dé a ellos fallará.

LOS EDIFICADORES DEL SEÑOR

Cuando Sabiduría habló, mis ojos fueron abiertos para ver el valle más hermoso que haya visto jamás. Las montañas que conformaban el valle, y el valle mismo, eran más verdes que ningún otro verde que recuerde haber visto. Las rocas eran como fortalezas hechas de plata; los árboles eran perfectos y tupidos. Había un río en medio, alimentado por corrientes provenientes de todas las montañas circundantes. El agua destellaba con un azul que era como la tinta más azul que hubiera visto en mi vida, y combinaba bellamente con el cielo. Cada brizna de pasto era perfecta. El valle estaba poblado de muchas clases de animales, los cuales parecían ser lo mejor de su raza, sin enfermedades o magulladuras de ningún tipo. Ellos encuadraban perfectamente con el valle, y unos con otros. Nunca había visto un lugar más deseable sobre la Tierra.

Me preguntaba si lo que estaba viendo era el Jardín del Edén, cuando vi a unos soldados con toda su armadura puesta, que inspeccionaban el valle. Otros soldados estaban siguiendo cada corriente que conducía al río, y luego siguiendo al río hasta el lugar donde los primeros soldados investigaban. Al principio pensé que estos soldados no encajaban con el lugar en absoluto, pero por alguna razón me tranquilicé cuando de algún modo supe que se esperaba que ellos estuvieran allí.

Miré a los soldados. Eran rudos y tenían los rasgos endurecidos por la batalla; con todo, eran amables y acogedores. Eran severos y resolutos, pero aun así parecían estar en perfecta paz. Eran serios y formales, pero llenos de gozo y dispuestos a la risa. Pensé que aunque la guerra es siempre terrible, si yo tuviera que ir a la batalla, no habría otro grupo de soldados junto a quienes yo quisiera pelear.

Noté que su armadura parecía estar hecha a medida para cada uno de ellos, ya que sentaba tan perfectamente que cuando se movían lo hacían con tanta gracia que parecían no usar armadura en absoluto. Podría decirse que eran livianas y a la vez más fuertes que ninguna armadura que hubiera visto antes. La pieza asimismo parecía ser una perfecta combinación de los colores del agua, las montañas, el cielo azul, los cuales enseguida me di cuenta de que eran un reflejo de esos colores en una pureza que nunca antes había visto en un reflejo. La armadura misma era de una plata "de otro mundo", más profunda y pura que ninguna otra plata vista sobre la Tierra. Cuando me preguntaba quiénes serían estos soldados, el Señor comenzó a hablar.

"En la casa de mi Padre hay muchas moradas. Estos son mis edificadores. Cada una de mis casas será un fuerte desde la cual enviaré mis tropas. Algunos irán como caballeros a pelear por los pobres y oprimidos, mientras que otros irán como compañías pequeñas que saquearán las fortalezas del enemigo y traerán los despojos. Algunos enviarán un ejército para conquistar ciudades sobre las cuales mi verdad y justicia reinarán, y otros se unirán a tropas de otros fuertes para ayudar a liberar naciones enteras con mi verdad, amor y poder.

Esos fuertes no son solo para la protección de mi pueblo, sino para movilizar, entrenar y enviar a mi ejército a través de toda la Tierra. Pronto vendrán los tiempos más oscuros, pero mi pueblo no será hallado escondiéndose. Ellos saldrán a conquistar el mal con el bien. Conquistarán al entregar sus vidas hasta la muerte y al amar a los demás más que a sus propias vidas. Ellos serán los intrépidos a quienes enviaré antes de mi regreso.

Hasta las profecías de su venida aterrorizan los corazones de mis enemigos. Ellos no tendrán temor. Ellos amarán. El amor es más poderoso que el temor, y su amor quebrará el poder del temor que ha tenido a la humanidad en esclavitud desde el comienzo. Porque ellos han elegido morir cada día, el temor de la muerte no tiene poder sobre ellos. Esto les dará poder sobre el enemigo cuyo asidero es el temor. Yo estuve muerto una vez, pero ahora vivo para siempre, y los que me conocen no tienen temor de la muerte. Por tanto, los que me conocen me seguirán dondequiera que Yo vaya.

Cada una de mis moradas estará en un valle como este. Está vivo con la vida que hubo en la Tierra antes de la caída, porque aquí el poder de mi redención ha traído la verdadera vida nuevamente. Mis moradas solo serán halladas en el lugar en donde todas mis corrientes confluyen en una. Mis edificadores vendrán de cada arroyo, pero trabajarán como si fueran uno solo. Así como las casas grandes precisan de distintos artesanos, así también mi casa. Solamente cuando trabajen juntos, podrán edificar mi casa.

Como lo ves en ellos, mis edificadores tendrán la sabiduría de completar la inspección antes de edificar. Cada una de mis casas encajará perfectamente con la tierra en donde están ubicadas, no según las mediciones humanas, sino según las mías. La primera habilidad que mis edificadores desarrollan es la de inspeccionar. Deben conocer la tierra porque Yo diseñé la tierra para mi pueblo. Cuando edifiquen con mi sabiduría, lo que edifiquen encajará perfectamente con la tierra."

Luego yo estaba parado junto a una de las corrientes de agua en el valle. Comencé a seguirla con la vista, todo el camino hasta lo alto de la montaña. A medida que me acercaba a la cima, oía sonidos fuertes y terribles. Cuando miré por encima del valle, pude ver guerras y grandes terremotos que desgarran la Tierra, y tormentas y fuegos que parecían rodear por completo al valle. Era como si yo estuviera parado en el límite entre el cielo y el infierno, mirando dentro del infierno mismo. De alguna forma, supe que todo el infierno era incapaz de invadir el valle, pero la vista de ello era tan terrible que me di vuelta y corrí hacia él. Luego sentí a Sabiduría a mi lado.

"Aquí es donde debes vivir, justo entre los vivos y los muertos. No temas, sino cree. Has sido débil, pero ahora Yo estoy contigo, así que sé fuerte y valiente. El temor no debe gobernarte; no hagas nada por causa del temor. Haz lo que hagas por amor, y siempre triunfarás. El amor es la fuente del valor. El amor prevalecerá al final. Anima a mis edificadores con estas palabras."

El amor es la fuente del valor

PALABRAS DE VIDA

DESPUÉS ESTUVE de nuevo en el Gran Salón del Juicio, de pie ante la misma puerta otra vez. Todavía me encontraba un poco conmovido por lo que había visto al borde el valle, pero sus palabras aún resonaban dentro de mí. "Amor, amor", repetía una y otra vez. "No debo olvidarme el poder del amor. Hay perfecta paz en el amor. Hay coraje en el amor. Hay poder en el amor."

Miré a la puerta. Sabía que esta era la puerta a su Iglesia. Sabía que los fuertes de los cuales Sabiduría hablaba eran iglesias y movimientos. Comencé a pensar en algunas congregaciones y movimientos, los cuales yo sabía que ya se preparaban para lo que había visto. Asimismo, recordé a los "agrimensores espirituales" que conocía y de los que nunca antes había pensado de este modo. Entonces de nuevo, me pareció que la mayoría de ellos estaban desgastados por la batalla y que simplemente trataban de sobrevivir, incluso peleando unos contra otros en su desesperación.

Pensé en la batalla que se había peleado en la montaña. El enemigo había usado a los cristianos para atacar a otros cristianos que intentaban trepar la montaña. Aunque esa batalla se ganó finalmente y la mayoría de los creyentes fueron liberados del poder del acusador, yo sabía que llevaría un largo tiempo sanar las heridas de esas batallas. Muchos habían estado bajo la influencia del acusador por tanto tiempo que acusar aún era parte de su naturaleza, y podría pasar un tiempo antes de que sus mentes fueran renovadas. Sabía que la Iglesia todavía tenía un largo trecho hasta lograr la unidad.

¿Por dónde comenzamos?, pensé para mis adentros. *¿Qué puedo hacer si paso por esa puerta?*

"No tienes que comenzar. Ya está terminado", respondió Sabiduría. *"Yo logré la unidad de mi pueblo en la cruz. Aunque parezca que el enemigo ha prevalecido desde la cruz en adelante, en verdad él solo ha trabajado en el plan que mi Padre y Yo tuvimos desde el comienzo. Cuando prediquen la cruz y vivan por su poder, estarán haciendo mi voluntad. Los que me sirven a mí y no a sus propias ambiciones pronto se reconocerán mutuamente y se unirán. Los que tienen el verdadero temor de Dios no tienen que temer nada sobre la Tierra. Aquellos que me temen no temerán a otro, sino que se amarán unos a otros y se sentarán juntos a mi mesa.*

Te he llamado para ver, y verás cómo mi Reino vendrá. El diablo será lanzado a la Tierra y vendrá a ella con gran ira. Pero no teman a su ira, porque Yo también voy a mostrar mi ira contra toda iniquidad. El maligno y todos los que lo siguen pronto conocerán mi ira. Debes ver estas cosas, pero no debes temer porque Yo habito en

medio de mi pueblo y soy mayor que todo. Si temen, es
porque no me miran a mí.

Cuando la maldad en la humanidad se haya unido
con el maligno por completo, la gran tribulación vendrá
sobre la Tierra. Luego toda la humanidad y la creación
entera entenderán la futilidad y la tragedia de la rebel-
día. A la vez, mi pueblo estará completamente unido
conmigo, y mi gran luz prevalecerá contra la gran os-
curidad. Los que caminan en anarquía caerán en gran
oscuridad. Los que andan en obediencia brillarán como
estrellas del cielo.

La humildad y la obediencia siempre conducirán
a mí. Si vienes a mí, contemplarás y manifestarás mi
gloria. Los cielos y la Tierra están por ver la diferencia
entre la luz y las tinieblas. Tú llamas a vivir entre las
tinieblas y la luz, para poder llamar a los que viven en
oscuridad a la luz admirable. Aun ahora, no deseo que
nadie perezca."

En la gloria que nos rodeaba, era difícil recordar la
oscuridad y los terribles eventos que acababa de pre-
senciar. Pensé en la diferencia entre su gloria y acaso la
mayor pompa y esplendor del hombre.

—¡Qué tristes e insignificantes somos! —solté brus-
camente—. Si toda la humanidad pudiera tan solo tener
una vislumbre de tu Trono del Juicio, todos se arrepenti-
rían al instante. Señor, ¿por qué tan solo no te muestras
al mundo así él no tiene que soportar esta maldad? Nadie
escogería la maldad si pudiera verte tal como tú eres.

—*Me revelaré a mí mismo. Cuando la maldad haya*
completado su curso, entonces Yo me mostraré al mun-
do. Como el maligno es revelado a través de hombres

caídos, Yo seré revelado a través de hombres restaurados. Entonces el mundo me verá; no solo la gloria que tengo en el cielo, sino como la gloria que prevalece ante las tinieblas. Mi gloria es más que lo que has visto aquí: es mi naturaleza. Luego de revelar mi naturaleza a mi pueblo, regresaré en la gloria que tengo aquí. Hasta ese entonces, busco a aquellos que me seguirán porque me aman y aman la verdad, no solamente porque aman esta gloria y este poder.

Los que eligen obedecerme cuando el mundo entero me desobedece son dignos de ser herederos juntamente conmigo. Esos serán merecedores de reinar conmigo, de ver mi gloria y de transmitirla. Esos son los que no viven para sí mismos, sino para mí. Algunos de los más grandes de mis hermanos están por ser revelados. Pelearán por la verdad y se enfrentarán a las mayores tinieblas. Se mantendrán firmes a través de las mayores pruebas. Te he traído aquí y ahora estoy enviándote para que los animes a levantarse y no desmayar, porque el tiempo de su salvación está cerca.

Además te envío de regreso para que amonestes a estos poderosos. Satanás vio la gloria de mi Padre y contempló las miríadas de ángeles que lo sirven, pero aun así cayó. Cayó porque comenzó a confiar en la gloria y el poder que el Padre le había dado, en vez de confiar en el Dador. Aquellos a quienes les sea confiado el poder y la gloria en estos tiempos no deben poner su confianza en el poder ni en la gloria, sino en mí. La verdadera fe nunca es en ti, en tu sabiduría ni en el poder que te he conferido. La verdadera fe es en mí.

A medida que creces en la verdadera fe en mí, crecerás en tu dependencia de mí y confiarás menos en ti mismo. Los que empiezan a confiar en sí mismos no son capaces de llevar el peso de mi poder o mi gloria; pueden caer así como el maligno. Mi fuerza se perfecciona en la debilidad; de modo que nunca deben olvidar que ustedes mismos son débiles, y que ustedes mismos son necios.

Aquellos que son dignos de reinar conmigo en la era venidera lo demostrarán viviendo en la oscuridad y debilidad de la carne humana, pero igualmente me servirán y confiarán en mí. Aun los ángeles mayores estarían contentos de inclinarse delante de aquellos que hayan sido probados de esta forma. Los ángeles se maravillan cuando hombres y mujeres sufrientes, que han contemplado tan poco de la gloria que hay aquí, permanecen firmes por mí y por mi verdad en tiempos de oscuridad. Ellos son dignos de ser llamados mis hermanos e hijos de mi Padre.

En la Tierra, la verdad a menudo parece débil y fácilmente vencible. Los que ven desde aquí saben que mi verdad siempre prevalece. El tiempo en que me levante y traiga mis juicios a la Tierra solo ha sido demorado para que mis hermanos puedan probar su amor por mí permaneciendo en la verdad a cualquier costo. Mi verdad y mi bondad prevalecerán por toda la eternidad, al igual que todos los que vienen a mí porque aman la verdad. Estos brillarán como las estrellas que fueron hechas en honor a ellos.

A medida que Sabiduría hablaba, era como si uno fuera lavado bajo una lluvia de agua viva. Por momentos me había sentido avergonzado porque aun en presencia de su gloria, yo tenía cierta pesadez y era fácilmente distraído al igual que aquí en la Tierra. Pero ahora cuando me hablaba, sus palabras me limpiaban de tal modo que una agudeza fuera de todo estímulo intelectual vino a mi mente. Cuanto más era limpiado, más sus palabras parecían detonar adentro de mí con un brillo purificador. No solo veía su gloria, sino que *sentía* su gloria dentro de mí. En su presencia, no solamente escuchaba la verdad, sino que la *absorbía*.

SU NOVIA AMADA

Esta sensación de ser limpiado por sus palabras era más extraordinaria de lo que puedo describir, pero a la vez me era familiar. Sabía que había sentido lo mismo cuando escuchaba predicaciones ungidas de alguno que había estado en la presencia del Señor. No era algo intoxicante, sino exactamente lo contrario. En vez de adormecer los sentidos, los despertaba. En su presencia, sentí como si miles de fragmentos de información que había acumulado durante años fueran todos reunidos para darle un significado hondo y comprensivo a todo lo que Él decía. De esta forma, cada concepto se convertía en un pilar sólido de conocimiento en mi mente. Entonces se volvió una pasión porque sentía un profundo amor por cada verdad.

Cuando Él hablaba, se liberaba una energía que me permitía ver cada verdad con una profundidad superior que nunca antes. Sus palabras no solo impartían información, sino *vida*. Esta gran iluminación era similar a la que yo había experimentado luego que decidí no tratar de esconder nada cuando estuviera delante del Trono del Juicio. Cuanto más abría mi corazón a sus palabras para exponer toda oscuridad en mí y ser cambiado, más poder parecían tener sus palabras en mí.

El Señor no solo daba información cuando hablaba, pero de algún modo reordenaba mi mente y corazón a fin de que estas verdades pudieran ser el fundamento para el entendimiento, y el entendimiento liberaba a su vez un nuevo amor por la verdad. Por ejemplo, yo tenía lo que creía ser un entendimiento sólido sobre la Iglesia como la Novia de Cristo. Cuando Él habló de los ministerios que eran enviados para preparar a su Novia, vi en mi corazón lo que parecía ser cada iglesia que conocía. Inmediatamente se convirtieron en más que solo un grupo de personas: se convirtieron en *Su Amada*. Sentí una ardiente pasión de ayudarlo a prepararla para Él. La repulsión del pecado y el adulterio con el mundo casi doblaba mis rodillas cuando percibí lo que le hicieron a su pueblo. Sabía que sentía lo que Él estaba sintiendo.

Su verdad limpiadora se derramó sobre mí. La pureza que sentí era más maravillosa de lo que alguna vez hubiera creído posible. Era casi como si hubiera vivido toda mi vida en una cloaca y ahora me estaba dando una ducha caliente. El poder de la verdad limpiadora me asió tan fuerte, que desesperadamente quería llevarlo de vuelta y compartirlo con su pueblo.

"Voy a soltar el poder de la verdad ungida para limpiar a mi pueblo", continuó Sabiduría. *"Mi Novia será lavada de toda corrupción. Envío mis mensajeros que serán llamas de fuego, ardiendo con el celo de mi santidad y la santidad de mi pueblo."*

Cuando Él habló, sentí la profundidad y el poder del mensaje de santidad. Entonces entendí, sin lugar a dudas, el poder de la verdad para lograrlo. Se encendió en mi corazón una visión de la Novia gloriosa que Él se merece. Quería apasionadamente compartir esta verdad con su pueblo, para que ellos pudieran enfocarse por completo en estar listos para Él. Simplemente no podía concebir hacer nada otra vez fuera de mi propósito.

Él comenzó a hablar sobre la fortaleza de la verdad y la justicia. Mientras que hablaba, vi las congregaciones con las que estaba familiarizado y cómo luchaban. Sentí una carga sin igual de transmitirles el poder de su verdad. Supe que ellos eran débiles porque no caminaban en la verdad. El pesar que sentí por ellos se hizo casi imposible de sobrellevar.

—¿Por qué no caminan en la verdad? —pregunté.

—*Tú empiezas a sentir la carga que Nehemías sintió cuando escuchó que Jerusalén estaba en aflicción porque sus muros estaban caídos* —explicó Sabiduría—. *Estoy impartiéndoles a mis mensajeros el fuego de ver a mi Novia limpia y también les imparto la carga de Nehemías de ver los muros de la salvación restaurados. Entonces mi pueblo no estará más en aflicción.*

Has visto a mi pueblo como mi ejército, mi ciudad y mi novia. Ahora no solo los verás, sino que los sentirás. Solo cuando mi verdad procede del corazón tiene poder para cambiar a los hombres. Las aguas vivas deben manar del ser interior, el corazón. Así como has sentido mi verdad limpiarte, estoy haciendo de mis mensajeros llamas de fuego que hablarán la verdad, no solo para brindar entendimiento, sino con el poder de cambiar los corazones de los hombres. La verdad que envío no solo convencerá a mi pueblo de su pecado, sino que los limpiará.

Mientras él todavía hablaba, un fervor se levantó dentro de mí para hacer algo. Estrategias divinas me comenzaron a venir, las cuales yo sabía que podían ayudar a su pueblo. No podía esperar a empezar. ¡Ahora creía que aun los huesos más secos iban a convertirse en un ejército grande en extremo! En la presencia de Sabiduría, nada parecía imposible. No tenía problema en creer que su Iglesia sería la Novia sin mancha ni arruga, o que su Iglesia se convertiría en una gran ciudad, levantada como un fuerte de verdad para que el mundo entero la viera. No tenía dudas de que su pueblo, incluso tan débil y vencible como ahora se veía, fuera a transformarse en un ejército de verdad ante el cual ningún poder de oscuridad podría permanecer en pie. Al sentir el poder de la verdad cual nunca antes, supe que esa potestad era mucho mayor que las tinieblas.

PALABRAS DE VIDA

En su presencia, sentí como si pudiera declarar la visión que había recibido de su Novia, y que cualquiera que escuchara sería transformado. Parecía como si pudiera hablarle a la congregación más pequeña y derrotada con un poder tal que prontamente se convertirían en una poderosa fortaleza de verdad. También sabía que cuando estaba en la Tierra, mis palabras no tenían ese poder.

—*Tus palabras tendrán este poder siempre que permanezcas en mí* —interrumpió Sabiduría—. *No te he llamado a predicar acerca de mí; te he llamado a ser una voz mediante la cual Yo pueda hablar. Si permaneces en mí y mis palabras permanecen en ti, llevarás fruto que permanecerá. Por mi palabra, la creación fue hecha, y por mi palabra, la nueva creación vendrá a ti y a mi pueblo. Mis palabras son Espíritu y Vida. Ellas dan vida. No eres llamado solo a enseñar sobre mí, sino a permitirme enseñar a través de ti. Si habitas en mi presencia, tus palabras serán las mías, y ellas tendrán poder.*

Pensé en algo que Margaret Browning había dicho una vez: "Cada zarza está encendida con el fuego de Dios, pero solo los que ven se quitan el calzado. El resto solamente recoge moras".

—Señor, yo quiero verte en todo —le dije.

—*Les daré a mis mensajeros la visión para ver mis propósitos en todas las cosas* —respondió—. *Haré a mis mensajeros llamas de fuego, así como me aparecí en la zarza ardiente. Mi fuego reposará sobre ellos, pero no serán consumidos por él. Entonces la humanidad se maravillará por esta gran visión y se acercarán para verla mejor. Les hablaré de entre medio de mis mensajeros, llamaré a mi pueblo a su destino y a levantarse como los libertadores que los he llamado a ser.*

Luego me sentí atraído hacia la puerta. Di un paso al frente para ver de cerca la escritura que había sobre ella. Nunca antes había visto una letra así. Era del oro más puro y, de algún modo, parecía estar viva. Comencé a leer.

Porque por medio de él fueron creadas todas las cosas en el cielo y en la tierra, visibles e invisibles, sean tronos, poderes, principados o autoridades: todo ha sido creado por medio de él y para él. Él es anterior a todas las cosas, que por medio de él forman un todo coherente. Él es la cabeza del cuerpo, que es la iglesia. Él es el principio, el primogénito de la resurrección, para ser en todo el primero. Porque a Dios le agradó habitar en él con toda su plenitud y, por medio de él, reconciliar consigo todas las cosas, tanto las que están en la tierra como las que están en el cielo, haciendo la paz mediante la sangre que derramó en la cruz. En otro tiempo ustedes, por su actitud y sus malas acciones, estaban alejados de Dios y eran sus enemigos. Pero ahora Dios, a fin de presentarlos santos, intachables e irreprochables delante de él, los ha reconciliado en el cuerpo mortal de Cristo mediante su muerte, con tal de que se mantengan firmes en la fe, bien cimentados y estables, sin abandonar la esperanza que ofrece el evangelio. Éste es el evangelio que ustedes oyeron y que ha sido proclamado en toda la creación debajo del cielo, y del que yo, Pablo, he llegado a ser servidor. Ahora me alegro en medio de mis sufrimientos por ustedes, y voy completando en mí mismo lo que falta de las aflicciones de Cristo, en favor de su cuerpo, que es la iglesia. De ésta llegué a ser servidor según el plan que Dios me encomendó para ustedes: el dar cumplimiento a la palabra de Dios, anunciando el misterio que se ha mantenido oculto por siglos y generaciones, pero que ahora se ha manifestado a sus santos. A éstos Dios se propuso dar a conocer cuál es la gloriosa riqueza de este misterio entre las naciones, que es Cristo en ustedes, la esperanza de gloria. A este Cristo proclamamos, aconsejando y enseñando con toda sabiduría a todos los seres humanos, para presentarlos a todos perfectos en él. Con este fin trabajo y lucho fortalecido por el poder de Cristo que obra en mí (Colosenses 1:16-29).

Cuando leí estas palabras, ellas fueron como una transfusión de vida. ¡Una simple palabra que viene de Dios vale más que todos los tesoros de la Tierra! Pensé: *¿Cómo pude haberme permitido dejarme llevar por las preocupaciones del mundo cuando tengo sus palabras?* Y empecé a pensar cuánto valía la pena cruzar el globo entero para escuchar tan solo un sermón ungido, pero a veces era tan perezoso que no quería siquiera manejar por la ciudad para hacerlo. Estaba consternado por mi descuido con su Palabra, cuando me encontraba ante la puerta. "Señor, cuánto lo siento", exclamé.

Cuando dije esto, la puerta se abrió. Al hacerlo, me puse a meditar en lo monótona y poco atractiva que me había parecido desde la distancia, pero aquí cerca era más compleja y hermosa que ninguna otra puerta que hubiera visto antes. *Es así como la gente juzga a la Iglesia* —pensé—, *y como yo mismo la he juzgado muchas veces*. He amado a Dios desde hace un tiempo, pero no he amado a su pueblo de la manera en que debiera.

"Un arrepentimiento así abrirá la puerta para que avances en el propósito al que te he llamado. Separado de mi pueblo, no puedes cumplir tus propósitos. Los he llamado a ser uno, y ahora eso comenzará a suceder. Separado de ellos, no puedes vivir lo que has visto en las visiones. Ahora debes pasar de ver el camino y conocer la verdad a ser una vasija de mi vida. Esto no podrás hacerlo separado de mi pueblo. El Padre te ha dado su amor por mí; que su amor esté en ti, así como le he pedido.

Ahora te daré mi amor por mi pueblo. Mis mensajeros
deben verlos como Yo los veo y amarlos como Yo los amo.
Si en verdad amas mi palabra, la puerta hacia tu destino
con mi pueblo se abrirá para ti."

Sus palabras no tocaron solo mi mente, sino además
mi corazón. Sentí cada una de ellas. Solamente escuchar
la ternura con la que hablaba de su pueblo me impartía
ese amor. Era un amor más grande del que había sentido
alguna vez, pero a la vez era familiar y yo lo había experimentado en un cierto grado cuando había escuchado
predicaciones ungidas. Recordé cómo en mi estupidez,
había dicho que no habría predicación en el cielo, pero
ahora sentía que no podría haber cielo sin predicación.
Empecé a ansiar la predicación de su Palabra.

"Sí, habrá predicación y enseñanza en el cielo. Por
toda la eternidad, mi historia será contada. Esa es la ra-
zón por la que se lo llama el evangelio eterno. Yo soy la
palabra y soy la Verdad, y las palabras de verdad siempre
llenarán mi creación. Toda la creación se deleitará en mis
palabras de verdad así como tú lo estas haciendo ahora.
Incluso los ángeles aman escuchar sus testimonios y los
escucharán. Mis redimidos amarán contar y escuchar las
historias de mi redención para siempre. Pero ahora deben
contárselas a los que habitan en tinieblas. La palabra
de su testimonio liberará a muchos. Los que me aman,
aman mi Palabra. Se te ha dado la verdad que hará libres
a los hombres, la cual es mi Palabra en tu corazón. Sal
con ella. Sal y verás el poder de mi Palabra."

EL
MANÁ

PASÉ POR LA PUERTA. Al hacerlo, me sorprendió que toda la gloria en la cual había estado antes, ahora se hubiera esfumado. Estaba oscuro y húmedo, como un viejo sótano. Era desconcertante, pero todavía sentía el poder de las palabras que el Señor me había hablado, y ellas me afirmaron.

—Lo que sientes es la unción del Espíritu Santo —dijo una voz proveniente de la oscuridad.

—¿Quién eres? —interrogué.

—¿Debes preguntar?

No sonaba como la voz de Sabiduría, sino como alguna otra voz conocida. Aun así, sabía que era Él. Gradualmente, mis ojos se adaptaron a la oscuridad, y me sorprendí de ver a mi vieja amiga, el águila blanca.

—Él vive en ti, por eso es que puedes permanecer en todo lo que acabas de experimentar aquí como lo hiciste allí. Sé que te has vuelto adicto a su presencia, y está bien, pero aquí debes aprender a reconocerlo en muchas formas. Primero, debes reconocer su voz en tu propio corazón y luego, cuando habla por medio de otros.

Esto lo sabes de antes, y lo has experimentado de tanto en tanto, pero no como debes saberlo ahora. Él nunca estará lejos de ti, y siempre podrás hallarlo fácilmente. Siempre te guiará a la verdad. Solo mediante el Espíritu Santo, puedes ver y conocer todo o a todos de la forma en que realmente son. En los tiempos que vienen por delante, pereceremos si no lo seguimos de cerca.

—Sé que esto es verdad, porque escuché a Sabiduría que hablaba a través de ti. ¿Estás aquí para mostrarme el camino? Casi no puedo ver aquí.

—Vendré a ti de vez en cuando para decirte sobre la señalización que te permitirá saber si estás en el camino indicado, pero el Espíritu Santo será quien debe guiarte. También te ayudaré a entender cómo Él te guía en diferentes lugares, pero primero debo decirte algo sobre el maná para que puedas vivir.

—¡¿Maná?! ¿Te refieres al maná que Israel comió en el desierto? ¿Es eso lo que se come aquí?

—Todos los que han caminado con Dios han vivido de eso desde el comienzo. El maná que Israel comió cuando estaba en el desierto era una profecía de esto. El Señor te dará su maná fresco cada día. Así como Él cubrió la Tierra con maná todos los días para Israel mientras ellos estaban en el desierto, así Él cubre cada día la Tierra con verdad para su pueblo. En cada lugar donde vayas, lo verás. Incluso en el medio de la oscuridad y penumbra, su Palabra te rodeará, y tú podrás recogerla. Los que son echados a las prisiones internas se despertarán cada día para buscarlo. Los que viven en grandes palacios también pueden hallarlo a diario. Pero su maná es tan suave y ligero como el rocío y puede ser pisoteado fácilmente. Debes ser suave y ligero de corazón como para verlo.

EPÍSTOLAS VIVIENTES

"El Señor habla todos los días a cada uno de los de su pueblo. Ellos no pueden vivir solo de pan, sino que deben tener las palabras que proceden de su boca. Ellas no son las palabras que habló en el pasado, sino las que les habla cada día —el águila continuó.

—Muchos son débiles porque no saben cómo recoger el maná que el Señor les da cada día. Se desvían porque no conocen su voz. Tú debes aprender a reconocerla y ayudar a su pueblo a reconocer este maná. Cuando lo saboreen como tú lo saboreas ahora, buscarán diligentemente más de él cada día. No te preocupes acerca de almacenar comida o agua, sino aprende a encontrar y a compartir el maná que Él da cada día. Esto te preservará cuando todo lo demás falle.

Las Sagradas Escrituras son la carne que el Señor nos da, pero este maná se halla en sus epístolas vivientes, su pueblo. Él te hablará cada día a través de su pueblo. Debes abrir tu corazón a la forma en que Él es hallado en su pueblo si has de compartir el maná celestial. Así como le dijo a Jerusalén, nos dice a nosotros: "No me verán hasta que digan: 'Bendito el que viene en el nombre del Señor'. Esto habló de Él mientras caminó sobre la Tierra entonces, y habla de la manera en que camina sobre la Tierra ahora a través de su pueblo. A medida que nuestro amor por el maná aumenta, también aumentará nuestro amor unos por otros. Si creces en amor, el maná que Él sirve nunca sabrá a viejo o rancio, sino que será nuevo cada mañana.

Su maná puede venir a ti a través de las palabras de un amigo íntimo o de alguien de su pueblo que vivió mucho tiempo antes que tú, a través de la meditación de sus escritos. Otra forma en que puede hablarte es mediante aquellos que no lo conocen, pero sabrás que Él los envió a ti. Discernirás su maná cuando dejes de simplemente tratar de escuchar sus palabras para pasar a escuchar La Palabra, Él mismo. No se trata tan solo de oír sus palabras, sino de oír su voz, lo que te guiará en el camino por el que debes ir. Muchos repiten las palabras que Él ha hablado, pero su maná es la palabra que Él habla al presente.

Precisamos la carne sólida de Las Sagradas Escrituras que nos edifica y hace de recipiente en donde recogeremos el maná fresco. Hazte fuerte en la carne de su Palabra escrita, pero también desarrolla un gusto por su maná. La carne de su palabra escrita nos edificará y nos preparará para lo que ha de venir, pero el maná nos sustentará en todo lo que encontraremos por delante.

Las palabras que te fueron habladas a través de los santos en el Salón del Juicio fueron maná de Dios. Su pueblo es asimismo maná para el mundo. El maná es el pan de vida, las palabras vivientes que Él les habla a su pueblo diariamente y que son habladas a través de él. Las Sagradas Escrituras están establecidas y no pueden ser cambiadas. Ellas son el ancla de nuestra alma. Sin embargo, el Libro de la Vida todavía está siendo escrito.

Él escribe un nuevo capítulo en el Libro de la Vida cada vez que una alma viene a Él.

VICTORIA O DERROTA

Las Sagradas Escrituras son el boceto para la morada que Él edifica entre los hombres. Ellas son el testimonio de la forma en que Dios ha obrado a través de hombres y mujeres para llevar a cabo su redención. Su pueblo son las vasijas de su palabra viviente y son los testigos al mundo de que sus palabras no son simplemente historia, sino que todavía están vivas y todavía dan vida. Si has de conocer sus palabras, debes conocer tanto Las Sagradas Escrituras *como* su maná. Las primeras son sus planes eternos que no cambiarán, los cuales debemos conocer para andar en sus caminos. Su maná te dará la fuerza para caminar cada día. Esto es así para que tengamos comunión. "Si andamos en luz, como Él es luz, tenemos comunión unos con otros" —dijo el águila.

Muchos de sus mensajeros ni siquiera saben que son usados de esta manera. Con frecuencia no saben cuándo Él habla a través de ellos. Aquellos a quienes Él les habla raramente reconocen su voz. Esto debe cambiar. Su pueblo es llamado a estar en unidad con Él en todo lo que hace, pero pocos siquiera conocen su voz. Por lo tanto, tampoco lo siguen en la manera en que Él quisiera guiarlos. Él desea ahora que todo su pueblo distinga cuando Él habla a través de ellos o les habla a ellos. Así como la comunicación certera entre un general y sus soldados puede determinar el resultado de la batalla, la fuerza de su comunicación con su pueblo determinará su victoria o su derrota en los días venideros.

Él está preparando a muchos mensajeros que saldrán con sus mensajes. Ellos también le enseñarán a su pueblo a conocer su voz y sus caminos. Debes recibir a sus mensajeros como si estuvieras recibiendo al Señor mismo. Debes ayudarlos a lo largo de sus caminos. El éxito de su ministerio determinará la caída o el levantamiento de muchos.

Por un momento, pensé que si el Señor estaba enviándolos, seguramente ellos no precisarían mi ayuda. Esto trajo una severa reprensión por parte del águila, quien también podía discernir mis pensamientos.

—¡No pienses de ese modo! ¡Muchos de su pueblo caen por culpa de ese engaño! Él podría hacer todas las cosas sin nosotros, pero ha elegido hacerlas a través de nosotros. Somos la provisión para el otro. Él envió al Ayudador para vivir en su pueblo; por lo tanto, quiere que su pueblo reciba su ayuda mediante su compañero. No olvides esto. Esa es la razón por la que Él nos da su maná a través de los demás. Él ha diseñado todas las cosas de modo que lo amemos por encima de todo, pero también debemos amarnos unos a otros. De este modo, también nos mantenemos humildes para que Él pueda confiarnos su gracia y su poder.

—Disculpa —respondí—. Sé muy bien todo eso, pero tiendo a olvidarlo a veces.

—Las veces que lo has olvidado han tenido más consecuencias de lo que imaginas ahora, pero olvidarlo en el futuro será más costoso de lo que podrás soportar. Necesitamos al Señor sobre todas las cosas, pero también necesitamos a su pueblo. Es en su pueblo que hallaremos al Ayudador, quien nos guía a toda verdad y quien principalmente nos guía al Hijo.

Él ahora envía a sus mensajeros. Algunos serán viejos y sabios. Otros serán jóvenes y tendrán poca experiencia, pero conocerán su voz. El enemigo también enviará a sus propios mensajeros para sembrar confusión. Esto también es parte de nuestro entrenamiento. Algunos serán engañados por los mensajeros del enemigo por un tiempo, y otros se perderán a causa de ellos, pero los que aman al Señor y su verdad no serán engañados por ellos por demasiado tiempo. Los que aman al Señor y aman su verdad conocerán la verdad. Los que hayan sido engañados por un tiempo aprenderán de ello y serán usados para exponer a los engañadores en los días que vendrán.

Algunos que han sido los más engañados en el pasado se convertirán en los más fuertes en la verdad por causa de su sabiduría. Sabiduría es conocer su voz y seguirlo a Él. Y no quitarán fácilmente su mirada de Él otra vez. No juzgues a otros por su pasado, sino por lo que son ahora, en quiénes se han convertido. Los que han seguido a Sabiduría habrán cambiado sus debilidades por fortalezas. Nadie es tan fuerte o tan confiable como aquellos que conocen su voz y lo siguen.

No debemos dejar de animar a su pueblo a conocer su voz. Debemos encomendarles a los profetas que confronten y expongan a los falsos profetas. Este mensaje debe ser llevado hasta los confines. Somos enviados a ayudar a construir sus líneas de comunicación con aquellos que serán sus soldados en la gran batalla que vendrá. *Todos* los de su pueblo deben conocer su voz. Pronto estará sobre nosotros el tiempo en que los que no conocen su voz serán engañados por las tinieblas. Los que sí conocen su voz, porque lo conocen a Él, no serán engañados.

A medida que el águila hablaba, sus palabras continuaban lavándome así como cuando ellas vinieron en la presencia de Sabiduría. No pude verlo, pero supe que estaba presente y que era Él quien me hablaba. Aunque no podía ver mucho con mis ojos en ese lugar, tenía una gran claridad mental que me permitía entenderlo todo. Siempre había sentido que tenía una muy mala memoria, pero aunque ahora me decía mucho más que lo que se me había dicho antes, parecía como si pudiera recordar cada palabra que dijo, aun cuando ellas venían de parte de otro. Entonces supe que era por el poder del Espíritu Santo, que trae todas las cosas a nuestra memoria. En Él, mirar hacia el pasado o hacia el futuro no era diferente a mirar al presente. Justo cuando estaba pensando en esto, el águila continuó.

—Este lugar parece húmedo o viejo porque aquí no se ha dejado entrar mucho aire fresco por un largo tiempo. Tú has hallado la puerta y has entrado. La misma puerta que te guió hasta este lugar también ahora puede guiarte al Salón del Juicio. ¿Qué recibiste en ese lugar?

—Sabiduría y entendimiento —respondí.

—En una palabra, recibiste gracia —comentó el águila—. El Trono del Juicio es también el Trono de la Gracia. Puedes ir confiadamente allí en cualquier momento.

Cuando dijo esto, me volteé para ver la puerta que estaba detrás de mí. Ahora podía ver belleza en ella, que era aun mayor que cuando entré al Salón del Juicio. La abrí y pasé por ella nuevamente.

EL LLAMADO

MIRÉ A SABIDURÍA, quien me giró para que viera el Gran Salón otra vez. Yo estaba sobresaltado de ver de pie ante mí a todos los que había conocido aquí mismo antes. Estaba aun más sorprendido de cuánto más gloriosos me parecían ahora.

"Ellos no han cambiado", interrumpió Sabiduría. *"Tú has cambiado. Tus ojos están abiertos para ver más de lo que podías ver antes. Cuanto más claramente puedas verme a mí, tanto más serás capaz de verme en otros.*

Miré hacia el apóstol Pablo. Él era indescriptiblemente majestuoso. Tenía tal autoridad y dignidad, pero a la vez tanta gracia y humildad, que estoy seguro de que el más inculto o pecador se hubiera sentido completamente a gusto de acercarse a él. El deseo de llegar a ser así me inundó.

Entonces miré a los otros y sentí como si todos fueran la familia más cercana o los amigos más íntimos que jamás tuve. Es imposible describir cuánto los amaba y cómo sabía que ellos me amaban también. Ninguna comunión en la Tierra podría compararse a esta, sino que la mejor relación en la Tierra era tan solo una muestra de ella. No había fingimiento, posturas simuladas ni posiciones aquí. Todos conocían completamente a los otros, y el amor era la fuente de todo pensamiento. La eternidad con esta familia iba a ser mejor de lo que jamás había imaginado. Desesperadamente quería llevarme a todos ellos conmigo, pero sabía que ellos no podían dejar su ámbito presente.

Sabiduría nuevamente respondió a mis pensamientos: *"Ellos estarán contigo como Yo lo estoy. Recuerda: ellos son la gran nube de testigos. Aun cuando no los veas, están tan cerca de ti como lo están ahora. Todos los que me han servido desde el principio son un cuerpo, y ellos también estarán contigo en lo que ha de venir, pero Yo estaré en ti."*

Me pregunté cómo algo que experimentamos en la eternidad podría ser mejor que lo que encontramos aquí mismo en el Salón del Juicio. El juicio venía desde cada pensamiento que se hacía manifiesto. No era un juicio de castigo, sino de liberación, como si no hubiera intenciones de esconder nada. La libertad venía con todo lo que era iluminado, de modo que había un deseo de que cada grieta del corazón fuera expuesta. El amor era tan grande que sabía que todo sería cubierto por él y hecho justo.

"Todo lo que sientes en mi presencia es verdadero", prosiguió Sabiduría. *"Este amor y cercanía que experimentas aquí con tus hermanos es real. Todos ustedes son uno en mí y crecerán en este amor como crecen en*

mí. Al hacerlo, el mismo amor ayudará a otros a entrar en la libertad que has sentido aquí. Cuando mi pueblo que ahora está en la Tierra abrace mis juicios justos, ellos caminarán en una libertad que me permitirá tocar al mundo con mi amor.

Es mi deseo que ninguno perezca o se pierda cuando lleguen aquí. Deseo que todos se juzguen a sí mismos para que Yo no tenga que juzgarlos. Por eso, mis juicios han de venir sobre la Tierra. Vienen en olas crecientes, para que el mundo crea y se arrepienta. Cada sonido de trompeta será más fuerte que el anterior. Es la tarea de mis mensajeros ayudar al mundo a entender el sonido de las trompetas.

Recuerda que aquellos con quienes debes caminar sobre la Tierra son también miembros de mi Cuerpo. Ellos todavía no han sido glorificados, pero debes verlos como lo que son llamados a ser, no según lo que parecen ahora. Debes amarlos y ver en ellos la misma autoridad y gracia que ves en estos. Debes aprender a ver no según su apariencia presente, sino según en lo que ellos se han de convertir.

Solo los que viven por mis juicios y permanecen en mí como su Sabiduría pueden ver mi autoridad en otros. Aun así, no te esfuerces por hacer que los hombres vean mi autoridad en ti. No te preocupes por si los otros te ven tal como eres; solo preocúpate por reconocer a los otros como lo que son y por verme a mí en ellos. Cuando te preocupas por el modo en que otros te ven, pierdes tu autoridad. Y cuando la autoridad se vuelva tu objetivo, comenzarás a perder la verdadera autoridad. Tú conoces el ministerio y la autoridad que Yo te he dado; no pidas que la gente te llame por tu posición, sino por tu *nombre. Entonces Yo haré tu nombre más grande que tu posición.*

En mi Reino, la autoridad viene de lo que eres, no de tu título. Tu ministerio es tu función, no tu rango. Aquí el rango se gana con humildad, servicio y amor. El diácono que ama más es superior al apóstol que ama menos. En la Tierra, los profetas pueden ser usados para sacudir naciones, pero aquí serán conocidos por su amor. Este también es tu llamado: amar con mi amor y servir con mi corazón. Entonces todos serán uno."

AMOR

ADORACIÓN EN EL ESPÍRITU

AL ESCUCHAR A SABIDURÍA, se hacía difícil comprender a los otros, incluso a esta gran nube de testigos, y desear alguna autoridad o posición en su presencia. Parecía como si en cada momento que yo hubiera pasado allí, Él se había hecho mayor en gloria y autoridad, y yo sabía que mi visión respecto a Él todavía estaba limitada. Así como el universo obviamente se expandía a pasos agigantados, y su inmensidad ya de por sí era incomprensible, nuestra revelación de Él asimismo se expandirá por la eternidad.

—¿Cómo podrían meros humanos jamás representarte? —cuestioné.

—*Cuando mi Padre mueve su dedo meñique, el universo entero tiembla. Sacudir las naciones con tus* palabras no impresiona a ninguno de los que habitan aquí. Pero cuando el menor de mis hermanos en la Tierra demuestra amor, eso trae gozo al corazón de mi Padre. Cuando hasta la iglesita más pequeña le canta a mi Padre con verdadero amor en sus corazones, Él silencia todo el cielo para escucharlos. Sabe que uno no puede hacer otra cosa que adorarlo cuando contempla su gloria aquí, pero cuando Él ve a aquellos que viven en oscuridad y dificultad que lo adoran con corazón sincero, se conmueve más que con todas las miríadas del cielo.

Muchas veces, las notas provenientes de la Tierra han hecho llorar a todo el cielo de gozo, al ver cómo mi Padre es tocado por ellas. Unos pocos santos que luchan para expresar su adoración por Él muchas veces le han hecho llorar. Cada vez que veo a mis hermanos alcanzarlo con verdadera adoración, eso hace que todo el dolor y pesar que sufrí en la cruz parezcan un precio pequeño de pagar. Nada me brinda más gozo que cuando ustedes adoran a mi Padre. Fui a la cruz para que ustedes pudieran adorarlo a través de mí. Es en esta adoración que ustedes, el Padre y Yo somos uno.

Todo lo que ya había experimentado, la emoción que venía del Señor cuando me contaba esto, eran mayores de lo que había vivido jamás. Él no lloraba ni se reía. Su voz era firme, pero lo que decía sobre la adoración venía de una profundidad dentro de Él, que era más de lo que uno podía absorber. Supe que oía del amor más profundo del Hijo de Dios: ver el gozo de su Padre. La verdadera adoración de los creyentes luchadores y abatidos que están en la Tierra puede lograrlo más que ninguna otra cosa.

Por primera vez, ahora quería dejar ese lugar, aun con toda su gloria, solo para entrar hasta en el más monótono servicio de adoración terrenal. Estaba sobrecogido por el hecho de que en verdad pudiéramos tocar el corazón del Padre. Una persona que lo adoraba en la Tierra durante esos tiempos oscuros significaba más para Él que los millones y millones que lo adoraban en el cielo. ¡Desde la Tierra, podíamos tocar su corazón en este tiempo como nunca más seríamos capaces de hacerlo! Estaba tan sobrecogido por esto que ni siquiera me di cuenta de que había caído postrado. Entonces caí en un sueño profundo.

Vi al Padre. Millones y millones estaban sirviéndole. Su gloria era tan grande, y el poder de su presencia tan asombroso que sentí como si toda la Tierra entera no midiera lo que un grano de arena ante Él. Cuando una vez había oído su voz audible, me había sentido como un átomo parado delante el sol, pero ahora cuando lo vi, supe que el sol era como un átomo delante de Él. Las galaxias eran como cortinas alrededor de Él. Sus vestidos estaban compuestos por millones y millones de estrellas vivientes. *Todo* en su presencia era viviente: su trono, su corona, su cetro. Sabía que podía vivir delante de Él por siempre y nunca cesar de maravillarme; no había un propósito más elevado en todo el universo que adorarlo.

Entonces el Padre se volvió atento a una cosa. Todo el cielo pareció detenerse y mirar. Contemplaba la cruz. El amor del Hijo por su Padre, el cual continuaba expresando mediante todo el dolor y la oscuridad que vinieron sobre Él, tocó al Padre tan profundamente que comenzó a temblar. Al hacerlo, los cielos y la Tierra temblaron también. Cuando el Padre cerró sus ojos, el cielo y la Tierra se oscurecieron. La emoción del Padre era tan grande que no creí que sobreviviría si seguía viendo esta escena por más del breve momento que lo hice.

Luego me encontré en un lugar diferente, observando un servicio de adoración en un pequeño edificio de iglesia. Como a veces ocurre en una experiencia profética, yo parecía saber todo acerca de todas las personas en ese dificultoso lugar. Todos pasaban por varias pruebas en sus vidas, pero ni siquiera pensaban en ellas allí. No oraban por sus necesidades. Estaban felices, y su gozo era sincero.

Vi el cielo, y todos en él lloraban. Luego vi al Padre de nuevo y supe por qué lloraba el cielo. Lo estaban haciendo porque veían las lágrimas en los ojos del Padre. Este pequeño grupo de gente en apariencia abatida, derribada, había conmovido el corazón de Dios tan profundamente que Él lloraba. No eran lágrimas de dolor, sino de gozo. Cuando percibí el amor que Él sentía por esos escasos adoradores, no pude contener mis propias lágrimas.

Nada de lo que había experimentado hasta entonces me cautivó como esta escena. Adorar al Señor en la Tierra era ahora más deseable para mí que habitar en toda la gloria del cielo. Sabía que se me había dado un mensaje que podía ayudar a preparar a los santos para las batallas que faltaban venir en la Tierra, pero ahora eso no significaba tanto para mí como tratar de transmitir fielmente la manera en que podemos tocar al Padre. La adoración genuina expresada aun por el más humilde creyente sobre la Tierra podía hacer que el cielo entero se regocijara, pero aun más que eso: tocaba el corazón del Padre. Esa es la razón por la que los ángeles prefieren recibir un encargo sobre un simple creyente en la Tierra que recibir autoridad sobre muchas galaxias de estrellas en el universo.

Vi a Jesús parado junto al Padre. Al contemplar el gozo de su Padre, mientras Él miraba la pequeña reunión de oración, se volvió a mí y me dijo: *"Por esto fui a la cruz. Darle a mi Padre gozo por un solo momento habría valido la pena todo el sacrificio. La adoración de ustedes puede darle gozo todos los días. Su adoración cuando están en medio de las dificultades lo conmueve aun más que toda la adoración celestial. Aquí, cuando su gloria es vista, los ángeles no pueden hacer otra cosa más que adorar. Cuando ustedes adoran, sin ver su gloria en medio de las pruebas, eso es adoración en Espíritu y verdad. El Padre busca tales adoradores. No desperdicien sus pruebas. Adoren al Padre, no por lo que recibirán, sino trayéndole gozo. Nunca serán más fuertes que cuando le traen gozo a su corazón, porque el gozo del Señor es su fortaleza"*.

EL
PECADO

Después de esto, estuve al lado de Sabiduría otra vez. Él no habló por un largo tiempo, pero yo no precisaba palabras. Necesitaba dejar que lo que había acabado de ver saturara mi alma. Me esforzaba por comprender la gran tarea que se nos había encomendado, la de ser adoradores del Padre. Para Él, el sol era como un átomo y las galaxias, como granos de arena. Y aun así escuchaba nuestras oraciones, disfrutándonos continuamente al contemplarnos, y yo estaba seguro, a menudo sufriendo por nosotros. Él era mucho mayor de lo que una mente humana podría jamás concebir, pero sabía que también era el Ser más emocional del universo. ¡Podíamos tocar a Dios! Cada ser humano tenía el poder de causarle gozo o dolor. Lo había sabido teológicamente, pero ahora lo sabía de un modo que hacía trizas la aparente importancia de todo lo demás.

No había manera en que pudiera encontrar palabras para trasmitir esto, pero sabía que tenía que pasar el tiempo que me fuera dado en la Tierra adorándolo. Era como una nueva revelación: ¡de veras yo podía traerle gozo a Dios! ¡Podía traer gozo a Jesús! Entendí lo que el Señor había querido decir cuando expresó que por eso había ido a la cruz. Cualquier sacrificio valdría la pena con tal de tocar su corazón por el más breve de los segundos. No quería desperdiciar otro momento más, ahora que sabía que todo mi tiempo podía ser gastado adorándolo. También era evidente que cuanto mayores eran las pruebas o la oscuridad desde la cual provenía la adoración, más le llegaba. Me hizo desear recibir pruebas para poder así adorarlo a través de ellas.

Al mismo tiempo, me sentía como Job cuando dijo que, aunque anteriormente lo había conocido de oídas, ahora que lo veía, se arrepentía en polvo y cenizas. Yo era como Felipe, que había estado con Jesús por tanto tiempo y no sabía que estaba viendo al Padre a través de Él. ¡Qué incomprensible debe ser para los ángeles nuestro aburrimiento! Entonces Sabiduría habló otra vez.

"Recuerda el potencial de aun hasta el menor de mis pequeños para tocar el corazón del Padre. Eso solo hace su valor mayor que ningún otro precio. Habría ido a la cruz de nuevo por tan solo uno de ellos. También sentí su dolor. Conozco sus luchas porque las compartimos. Siento el dolor o el gozo de cada alma. Por eso, intercedo continuamente por ustedes. Vendrá un tiempo en que cada lágrima será enjugada de todo ojo. Habrá un tiempo en que solo el gozo se conocerá. Hasta ese momento, el dolor puede ser usado. No desperdicien sus pruebas. Su mayor adoración y la mayor expresión de

su fe que nos agrada, vendrán cuando estén en medio de sus pruebas.

Deben verme en sus corazones y deben verme en otros. Deben verme en lo grande y en lo pequeño. Así como me presento en forma diferente en cada uno de los que ahora están con ustedes, así vendré a ustedes en forma de diferentes personas. Su mayor propósito es reconocerme, escuchar mi voz y seguirme."

Al voltear para ver a Sabiduría, Él no estaba allí. Miré todo alrededor de mí. Pude sentir que estaba en todas partes, pero no podía verlo. Luego volví a mirar a los testigos que estaban de pie detrás de mí. Él estaba allí. No podía verlo, pero en una forma más profunda que antes, estaba en cada uno de ellos. Cuando el Reformador comenzó a hablar, era su misma voz, pero yo escuchaba la voz de Sabiduría en él, al igual que cuando me había hablado directamente.

—Él siempre ha estado en nosotros. Está en ti. Está en aquellos a quienes debes regresar. De tanto en tanto, se te aparecerá otra vez, pero debes saber que aunque no lo veas cuando aparece, puedes reconocerlo mejor en donde habita: *en* su pueblo. Él es Sabiduría. Sabe cómo, cuándo y a través de quiénes hablarte. Las personas a través de las que te habla son parte del mensaje. Recuerda lo que dijo cuando lloró sobre Jerusalén: "De ahora en más no me verán hasta que digan bendito el que viene en el nombre del Señor. No lo verás a menos que puedas verlo en aquellos que te envía.

—Es fácil para mí verlo y oírlo en ti —repliqué—, pero no es tan sencillo con aquellos en la Tierra que todavía no han sido glorificados.

—Y no se supone que lo sea —respondió Ángelo—.
Buscarlo es el llamado de los reyes que reinarán con Él.
Los que lo aman y aman la verdad, lo buscarán más de
lo que lo harían con los tesoros o las conquistas más
preciosas.

CONQUISTADOS POR ÉL

—El mayor llamado de todos es a ser completamente
conquistados por Él —dijo un hombre al que no reconocí, y dio un paso al frente—. Yo debiera saberlo
—agregó, y entonces me dijo su nombre. Estaba asombrado de que este hombre estuviera en la compañía de
los santos. Había sido un gran conquistador, pero yo
siempre había creído que le había hecho más daño al
nombre de Cristo que posiblemente ningún otro.

—Yo también encontré la gracia de la cruz antes del
final de mi tiempo —dijo—. Tú no estás solo volviendo
a conquistar *para* Él, sino a ser conquistado *por* Él. Si te
consagras y te rindes a Él, entonces te usará para conquistar en su nombre. La verdadera conquista es capturar
los corazones de los hombres con la verdad que los hace
libres. Los que lo siguen más de cerca serán usados para
conquistar más y serán los mayores reyes. En la Tierra, raramente se darán cuenta de que esos hayan conquistado
algo. Ellos no verán lo que realmente han logrado hasta
que lleguen aquí. Los que amontonan grandes tesoros en
la Tierra, "incluso tesoros que pueden ser considerados
espirituales", tendrán muy poco aquí.

—En la Tierra los tesoros eternos no pueden medir-
se —acotó Pablo—. Cuando yo morí, pareció como si
todo por lo cual había dado mi vida para edificar sobre

la Tierra ya hubiera perecido. Las iglesias por las que había dado mi vida, caían en apostasía, y aun mis amigos más íntimos estaban volviéndose en contra de mí. Durante mis últimos días, sentí que mi vida había sido un fracaso.

—Sí, pero aun yo considero a Pablo como un padre espiritual —continuó el gran conquistador—, al igual que la mayoría aquí. Muchos de los que vendrán a través de la gran batalla del fin serán victoriosos a causa de que él fue fiel en defender la verdad. No medirás correctamente el verdadero fruto espiritual mientras estés en la Tierra. Solo puedes medir de una manera adecuada el verdadero éxito al contemplar al Señor más claramente, al oír mejor su voz y amar más a tus hermanos.

Entonces Pablo habló de nuevo:

—En los meses anteriores a mi ejecución, sentía que de hecho era un fracasado. Sin embargo, en el día de mi ejecución, recordé a Esteban, a quien yo había visto morir a mis pies años antes. El recuerdo de la luz que había en su rostro ese día me acompañó a través de muchas pruebas. Siempre siento que de algún modo él murió por mí, para que yo pudiera ver la verdadera luz. Supe que si llegaba a morir como Esteban, incluso si todo lo demás que había hecho hubiera sido inútil, eso solo probaría que mi existencia no había sido en vano. Estaba muy agradecido de morir realmente por la causa del evangelio, aun si entonces no parecía que mi ministerio había logrado demasiado.

Cuando esta revelación vino sobre mí, también vino la gracia, y mi último día sobre la Tierra fue el más maravilloso de todos. Entonces comprendí que como había vivido y sinceramente tratado de morir cada día a mis propios deseos a fin de servir al evangelio, cada vez que me había negado a mí mismo, había semillas eternas que eran plantadas, aunque todavía no pudiera verlas en el reino temporal. Al estar aquí, ahora puedo ver que esto ciertamente es verdad. No debes tratar de juzgar por el fruto que ves en la Tierra, pero haz lo que debes hacer porque es lo correcto.

Con todo, más que a llevar fruto, tu llamado debe ser a conocer al Señor. Si lo buscas, siempre lo hallarás. Él siempre está cerca de aquellos que se acercan a Él. Muchos quieren su presencia, pero no se le acercan. Debes hacer más que simplemente desearlo: debes *buscarlo*. Esto es parte de tu llamado. No hay propósito más elevado que este. Tu victoria será medida por tu búsqueda. Siempre estarás tan cerca de Él como quieras estarlo. Tu victoria en la vida será de acuerdo a la medida de tu deseo por Él.

Entonces Pablo alzó su mano y me señaló.

—A ti se te ha dado mucho, y mucho se te demandará. Aun si entierras muchos de los talentos que te han sido encomendados, podrás lograr mucho más que otros, pero habrás fracasado en tu comisión. Nunca debes compararte con los demás, sino continuar avanzando, buscar más de Él. Aun así, con toda la gloria que te será revelada, ¡nunca te quites el manto!"

SEMBRAR Y COSECHAR

Bajé mi vista para ver el manto de humildad al que apuntaba. En toda la gloria que ahora contemplaba, lo insulso de ese manto parecía multiplicarse. Yo estaba consternado de que luciera tan mal ante su presencia. Lo retiré hacia atrás para ver la armadura que estaba debajo de él, la cual era ahora más brillante de lo que había visto antes. Era tan brillante que cuanto más lo descubría, el grupo que estaba en frente de mí más palidecía a causa de su resplandor. No obstante, me sentía menos avergonzado con el brillo de mi armadura que resplandecía que con ese simple manto. Entonces decidí quitármelo mientras estuviera allí, para que al menos me sintiera no tan repulsivo en presencia de tanta gloria.

Hubo silencio, y me quedé quieto por unos minutos. No podía ver a causa del brillo de mi propia armadura. No entendía por qué razón tampoco podía oír nada. Entonces llamé a Sabiduría.

—*Ponte el manto nuevamente* —le escuché responder. Hice como Él me dijo y otra vez empecé a ver vagamente el contorno del Gran Salón.

—Señor, ¿qué ocurrió con todos? ¿Por qué es todo tan borroso de nuevo?

—*Aquí no puedes ver nada sin ese manto.*

—Pero ahora lo tengo puesto, y todavía no puedo ver muy bien —protesté, sintiendo una terrible desesperación.

—*Cada vez que te quites el manto de la humildad, serás cegado por la luz verdadera, y llevará algún tiempo hasta que puedas volver a ver.*

Aunque comenzaba a ver la gloria nuevamente, ya nada era como antes. Mi visión retornaba, pero muy, muy lenta. Me sentía apesadumbrado.

—¿Dónde está Pablo? —pregunté—. Sé que estaba a punto de decirme algo importante.

—*Cuando te quitaste el manto, todos los que estaban aquí se fueron.*

—¿Por qué? ¿Por qué se irían, solo porque me quité el manto? Nada más me sentía avergonzado por mi aspecto. ¿Eso los ofendió?

—*No, ellos no se ofendieron. Sabían que no podías verme u oírme a través de ellos sin el manto, entonces regresaron a sus lugares.*

Estaba más afligido que nunca con esta declaración.

—Señor, sé que lo que iban a decirme era muy importante. ¿Volverán?

—*Es cierto que perdiste una revelación importante por sacarte el manto. Eso te hubiera ayudado, pero si aprendes la lección de no volver a quitarte el manto otra vez, especialmente por la razón por la que lo hiciste, habrás aprendido otra importante enseñanza.*

—Señor, pienso que la he aprendido. No recuerdo haberme sentido tan mal jamás. ¿No pueden volver y decirme lo que tenían para mí? —supliqué.

—*Toda verdad y toda sabiduría proceden de mí. Yo hablo a través de las personas, porque las personas a través de las cuales hablo son parte del mensaje. Mientras que permanezcas lo bastante humilde como para tener puesto el manto, puedo hablarte en gloria. Cuando te quites ese manto, te volverás espiritualmente ciego y sordo. Siempre te hablaré si me llamas, pero debo cambiar la forma en que lo hago.*

No lo hago para castigarte, sino para ayudarte a recibir otra vez tu visión más rápidamente. Te daré el mensaje que iba a darte a través de estos testigos, pero solo que ahora debe ser dado a través de tus enemigos.

Vendrá con pruebas, y tendrás que ser muy humilde para recibirlo. Esa es la única forma en que obtengas tu visión de nuevo tan pronto como la necesites. Para lo que viene, debes ser capaz de ver.

QUEBRANTAMIENTO

La angustia que sentía era casi intolerable. Sabía que lo que pude haber recibido de una forma gloriosa, ahora lo iba a recibir por medio de grandes luchas, pero aun peor que eso era el hecho de que la gloria que había contemplado unos minutos antes, ahora era muy tenue.

—Señor, lamento lo que hice. Ahora sé que me equivoqué. El dolor de este error es casi imposible de sobrellevar. ¿No hay manera de que sea perdonado y mi visión sea restituida? No parece justo que un breve momento de orgullo deba ser tan devastador —imploré.

—*Estás perdonado. Nada de esto se te hace como castigo. Yo pagué el precio de ese pecado y de todos los demás. Tú vives por mi gracia. Esto no es por causa de la Ley de justicia. Es por causa de mi gracia que existen consecuencias para el pecado. Debes cosechar lo que sembraste o de otro modo no podría confiarte mi autoridad. Cuando Satanás dio su primer paso hacia el egocentrismo y el orgullo, multitudes de mis ángeles, a quienes les había conferido mi autoridad, lo siguieron. Cuando Adán cayó, multitudes sufrieron. Para aquellos a quienes les doy tamaña autoridad, hay una correspondiente responsabilidad. No puede haber verdadera autoridad sin responsabilidad. Responsabilidad significa que otros sufrirán si te desvías del camino. Los errores tienen consecuencias.*

Cuanta más autoridad recibes, más puedes ayudar o herir a otros por tus acciones. Quitar las consecuencias de tus acciones sería quitar la verdadera autoridad. Tú eres parte de la nueva creación que es mucho mayor que la primera. A los que son llamados a reinar conmigo les es dada la mayor responsabilidad de todas. Son llamados a una posición más alta que la que Satanás ocupó. Él era un gran ángel, pero no era un hijo. Tú eres llamado a ser coheredero juntamente conmigo. Tu vida entera, tanto las pruebas como las revelaciones, son para el propósito de enseñarte las responsabilidades de tu autoridad.

Por cada lección que debes aprender, hay un modo fácil o uno más difícil. Puedes humillarte, caer sobre la roca y ser quebrantado, o la roca se te caerá encima y te quebrantará hasta hacerte polvo. En cualquiera de las dos, el resultado final será el quebrantamiento, el cual es humildad. El orgullo causó la primera caída de la gracia, y ha causado la mayoría de las caídas desde entonces. El orgullo siempre resulta en tragedia, oscuridad y sufrimiento. Es por tu bien y por el de aquellos a quienes eres llamado a servir con autoridad sobre ellos, que no comprometeré la disciplina que debes aprender al recoger lo que has sembrado.

Adonías alardeaba que su padre, el rey David, no lo disciplinaba. Salomón se quejó de que no podía salir impune en nada sin que su padre no lo disciplinara. Aunque Salomón pensaba que no era tratado justamente, David no era injusto. Él sabía que Salomón era llamado a ser un rey. Los que reciben mayor disciplina son los llamados a caminar en mayor autoridad.

Fuiste cegado porque retrocediste de la humildad y comenzaste a caminar en orgullo. El humilde no puede

ser avergonzado. Cuando empiezas a sentirte avergon-
zado, es porque ya has comenzado a moverte en orgullo.
Permite que la vergüenza sea una advertencia de que te
has desviado de la sabiduría. No dejes que la vergüenza
controle tus acciones. Si lo hace, caerás mucho más lejos.
Aprende a abrazar cada oportunidad de ser humillado y
sabe que así Yo seré capaz de confiarte más autoridad.

No te vanaglories en tus fortalezas, sino más bien en
tus debilidades. Si hablas abiertamente de tus fracasos
para poder ayudar a otros, Yo podré mostrar más abier-
tamente tus victorias, "porque todo el que se exalta será
humillado, y el que se humilla será enaltecido".

Sabía que todo lo que decía era verdad. Había predicado ese mensaje muchas veces. Pensé cómo Pablo
le había advertido a Timoteo que prestara atención a
sus propias enseñanzas, y me di cuenta de que era yo
mismo quien necesitaba mis mensajes más que mi au-
diencia. Ahora estaba más avergonzado por la brillante
armadura que por el humilde manto. Me envolví bien
con él a modo de cerrarlo aun más. Al hacerlo, mis ojos
brillaron y mi visión aumentó mucho más rápido, aunque todavía estaba lejos de ser lo que había sido.

Me di vuelta para ver la puerta. Temía volver a pasar
por ella, al menos hasta que hubiera recuperado mi visión un poco más.

—*Debes irte ahora* —dijo Sabiduría.

—¿Qué hay del otro lado? —pregunté.

—*Tu destino* —Él respondió.

Sabía que debía irme. Todavía me sentía muy ape-
nado por no poder entrar a la puerta con la visión que
había tenido anteriormente, porque ya sabía lo oscuro

que estaba del otro lado. *Seré aun más dependiente de otros por un tiempo*, pensé mientras me comprometía a confiar en el Señor y no en mi propia visión. Inmediatamente, mis ojos se volvieron más brillantes otra vez. Comencé a mirar una vez más al Gran Salón para ver si era tan claro como lo había sido antes, pero decidí no hacerlo. Solo determiné que por el momento era mejor no mirar atrás. Entonces Sabiduría apareció junto a mí, casi tan brillante como antes. Mis ojos se habían adaptado a la luz tan rápidamente que ahora podía mirarlo. No dijo nada, pero solo mirarlo me inspiró un gran coraje. Aun así, todavía sentía el remordimiento de no haber escuchado todo el mensaje que había estado a punto de recibir de parte de la nube de testigos.

"Si el remordimiento se transforma en determinación, la prueba será mucho más fácil. Entonces, cuando tus enemigos parezcan exaltarse a sí mismos por encima de ti, crecerás aun más en autoridad para prevalecer sobre mis enemigos."

Cuando volví a mirar la puerta, me sorprendí. Vi tanto más en ella de lo que había visto antes, que por un momento pensé que era una puerta distinta. Parecía haberse hecho más bella y era diferente a cualquier otra puerta que hubiera visto jamás, incluso en este reino. Había títulos en relieve escritos en la letra más bella, todos en oro y plata. Había joyas preciosas que yo no reconocía, pero eran tan irresistibles que no podía apartar mi mirada de ellas. Todas estaban vivas. Entonces me di cuenta de que la puerta misma tenía vida.

Mientras miraba la puerta, Sabiduría apoyó su mano en mi hombro. *"Esta es la puerta a mi casa."* Cuando dijo esto, inmediatamente entendí que la atracción que ahora sentía por esa puerta era la misma que sentía cuando lo miraba a Él. *¡Cómo puede algo tan hermoso haber lucido tan simple y poco atractivo antes!*, medité. El Señor respondió a mi pregunta implícita.

"No puedes ver mi casa tal como es hasta que me veas a mí en mi pueblo. Cuando comenzaste a oírme a través de mi pueblo, justo antes de quitarte el manto, tus ojos fueron abiertos para comenzar a ver mi casa tal como es. Hay mucha más gloria para ver dentro de la que puedes contemplar ahora. Esta simplemente es la puerta, pero hay mucho más. Cuando regreses a este ámbito a su tiempo, esto es lo que debes buscar. A esto es a lo que debes guiar a mi pueblo. Esto es por lo que debes pelear, y esto es lo que debes ayudar a edificar: mi casa."

Con la mano de Sabiduría apoyada sobre mi hombro, caminé hacia la puerta. No se abrió, sino que yo pasé a través de ella. No creo que haya lenguaje humano capaz de describir lo que sentí mientras la atravesaba. Vi la gloria de todas las edades reunida en un solo momento. Vi la Tierra y los cielos como uno solo. Vi millares de ángeles, y también millares de personas más gloriosas que ningún ángel que hubiera visto jamás. Todos servían en su casa.

Ahora conocía el llamado. Aunque había pasado por muchas cosas, supe que mi búsqueda solo comenzaba.

*Esperamos que este libro
haya sido de su agrado.
Para información o comentarios,
escríbanos a la dirección
que aparece debajo.
Muchas gracias*

info@peniel.com

www.peniel.com